中国因他们而改变

孙承纬传

姜洋 汤淼 肖琳 蓝欣 凌晏◎著

中国科学技术出版社
·北京·

图书在版编目（CIP）数据

孙承纬传 / 姜洋等著 . -- 北京：中国科学技术出版社，2025.4. --（中国因他们而改变）. -- ISBN 978-7-5236-1374-0

Ⅰ . K826.11

中国国家版本馆 CIP 数据核字第 2025CA4203 号

总 策 划	秦德继　宁方刚
策划编辑	周少敏　徐世新
责任编辑	彭慧元
装帧设计	中文天地
责任校对	邓雪梅
责任印制	徐　飞

出　　版	中国科学技术出版社
发　　行	中国科学技术出版社有限公司
地　　址	北京市海淀区中关村南大街 16 号
邮　　编	100081
发行电话	010-62173865
传　　真	010-62173081
网　　址	http://www.cspbooks.com.cn

开　　本	787mm×1092mm　1/32
字　　数	145 千字
印　　张	8.625
版　　次	2025 年 4 月第 1 版
印　　次	2025 年 4 月第 1 次印刷
印　　刷	河北鑫兆源印刷有限公司
书　　号	ISBN 978-7-5236-1374-0 / K・477
定　　价	58.00 元

（凡购买本社图书，如有缺页、倒页、脱页者，本社销售中心负责调换）

孙承纬传

1953年4月,一家九口的第一张全家福(后排右一为孙承纬)

只有一代强一代，社会才能发展，国家才能前进，民族才有希望。

看着别人，努力前进，曾曾自己，莫虚我生。

1950年，孙承纬父亲孙启粹手书的座右铭

1955年7月9日，孙承纬（前排右一）和"独立小队"队员合影

1957年9月，孙承纬在北京大学留影

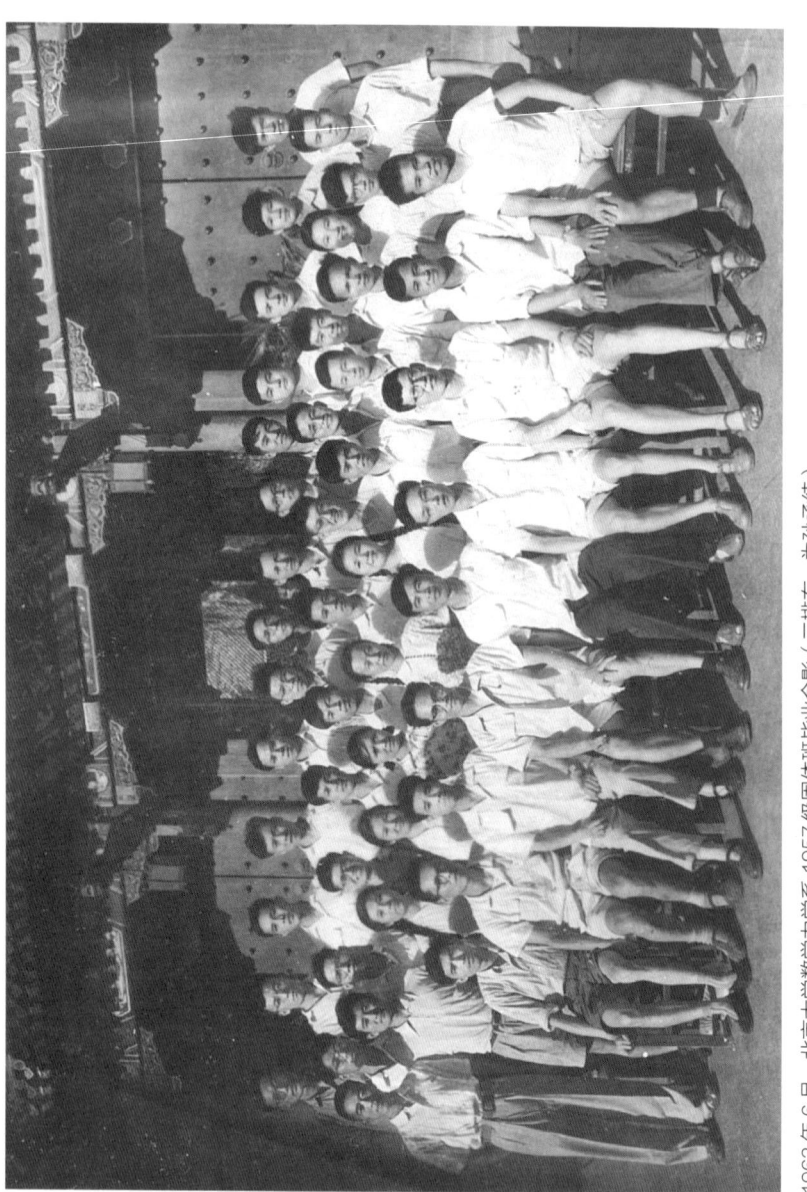

1963年6月,北京大学数学力学系1957级固体班毕业合影(二排右一为孙承纬)

1983年5月,孙承纬在华盛顿州立大学办公室

应用物理与计算数学研究所

Institute of Applied Physics
and
Computational Mathematics

海淀区花园路6号
北京 8009信箱
中华人民共和国

No.6 Huayuan Road, Hai-Dian District,
P.O.Box 8009,Beijing,
The People's Republic of China

承纬同志：宇春的文章收到。

我很快惠读了一遍。

炸药性能的爆轰性能与其安全性能之间有着内在的不是矛盾，炸药的安全性能及反应已专项及估摸的设想极有着内在的联系。除了TATB的推起外，好向数学工程师有欠缺这方面设想克服，而是研究等极其地作，似乎如意 报导 缺乏。

附上极，[　]有着可以走向不尽，若能得其所需物理的基础研究。

谢谢您。此致

敬礼

于敏
1992. 2. 23日.

于敏致孙承纬关于炸药爆轰性能与其安全性能等问题的信

1998年4月,孙承纬在北京香山与于敏(左一)交谈

1987年9月,孙承纬(前排右三)组织召开激光辐照效应专题专家组首次会议

1988年,孙承纬(左一)在实验室向王淦昌(中)介绍小型轨道炮实验装置

1992年11月，孙承纬（右一）在实验室向朱光亚（右四）等汇报课题进展

2019 年 3 月，孙承纬与陶洁贞在上海嘉定

2021年2月11日，除夕，孙承纬在上海家中查看文献

目录

"生在这样的家庭是我最大的幸福" 018

"科学少年"养成记 032

从"独立小队"到"青年团员" 044

立"向科学进军"之志 054

特殊环境下的"白专学生" 064

"优等"毕业论文 080

"我们到底是干什么的?" 092

一项中断五年的研究 104

"你以后可以叫'FORTRAN 孙'了" 118

"一步到位"与"逐步推进"之争 130

一不小心"搞大"了 140

打蛇要打在七寸处 154

"搞科研,不交流、不写文章是不行的" 168

为了实现电磁发射技术的"三高" 178

追逐"雅典娜" 190

"一定能说服老于" 204

"大的做不了,小的一样能行!" 216

开拓通往未知世界的道路 232

搭建学术交流舞台"引爆"国际 248

书山师路的精神追寻 260

"生在这样的家庭是我最大的幸福"

1939年12月12日，孙承纬出生于上海市赫德路赵家桥，是家中的第四子。父亲孙启粹历任学校教师和银行高级职员，新中国成立后任职于中国民主促进会上海市委机关。母亲周静净数十年从事居民委员会工作，任劳任怨，为人直爽，待人热情。两人于1932年3月9日喜结连理。婚后，在上海共同建立起了自己的小家庭，共生育七个子女。虽然家中子女众多，但是孙启粹、周静净夫妇共同把小家打理得井井有条，孙启粹负责在外工作挣钱养家，周静净则在家里一心一意地照顾孩子们，二人相濡以沫，家庭氛围温暖而和谐，给孩子们创造了良好的成长环境。孙承纬常常感慨地说："我觉得生在这样的家庭，是我最大的幸福。"

家庭是人生的第一课堂，父母是孩子的第一任老师。父亲孙启粹就是这样时刻以身作则，耐心地教导孩子们。

从旧中国一路走来，孙启粹的人生充满坎坷。年仅6岁时，他的父母先后因病离世，兄妹四人遂由其年过六旬的奶奶独自抚养，11岁时由其姑父母资助到北京继续求学。1924年，18岁的孙启粹从北京政法专科学校大专毕业后，回到家乡常州，作为这个家庭的顶梁柱，照顾年迈的祖母和一家老小。

从辛亥革命到北洋军阀执政，再到国民党北伐，特别是抗日战争全面爆发后，上海沦陷，民不聊生，孙启粹一家也开始了动荡的生活。在多变的时局中，物价飞涨，孙启粹的工作难以保持长时间稳定，经常为了一家人的生活四处奔波，非常辛劳。

1945年夏天，为了迫使日本投降，美军飞机轰炸了上海市区。孙启粹家附近仁济医院旁边一栋四层楼的旅馆被炸毁，家里的窗玻璃也被震得嘎嘎直响，幸亏事先贴满纸条固定才没掉下来，而对面邻居家墙上的两片飞来弹片更是让大家心有余悸。

暑假开始后，每天上午11时就会响起空袭警报，孙启粹就赶紧关闭电灯，把孙承纬和他的五个兄弟姐妹藏在客堂方桌子下面，四周再用棉被遮挡，时值夏天，很是难熬，只有等警报解除了才敢让孩子们出来。孙承纬那时虽然年仅六岁，但是躲在棉被下听到飞机、高射炮、机枪交织在一起的轰鸣声、爆炸声让他终生难忘，也是这一记忆让孙承纬对"落后就要挨打"有了最初的认识。

住所附近旅馆被炸毁后，附近的市民恐慌情绪日益蔓延，纷纷设法逃离上海。孙启粹夫妇害怕孩子们遭遇危险，也决定全家重返常州老家，暂时寻得一时的庇护之所。

孙启粹一家八口半夜到达上海北站，孙启粹自己先从车窗爬进火车，再把子女一个个从车窗接进来，在拥挤的车厢中艰难地保护着六个幼小的儿女，于次日中午才到达常州，而在平时只需要三个小时的车程。孙启粹对孩子们说："你们一辈子也不要忘记这次逃难的经历，它会帮助你们成长。"

中华人民共和国成立以后，孙启粹进入中国民主促进会上海市分会工作，一家人的生活终于可以进入正常状态。面对中华人民共和国成立后欣欣向荣、人人安居乐业的局面，孙启粹经常教导孩子们，如果国家不富强，老百姓的生活就会很动荡。为此，孙启粹手书座右铭放在书桌上，以此自勉并激励子女："只有一代胜一代，社会才能发展，国家才能前进，民族才有希望。要看看别人，努力前进；想想自己，莫虚我生。"这幅"座右铭"被孙承纬视为传家宝，也成为孙承纬一路前行最耀眼的指路明灯和最强大的动力。

一直以来，孙启粹最大的遗憾是，中华人民共和国成立前，他自己虽然曾经很渴望受到更高的教育，但是由于条件的种种限制而未能如愿。当他看到国家创办了公立学校，孩子们都可以顺利进入学校读书，就下定了决心，"十个手指有长短，但我要让我所有的孩子都能读大学，接受良好的教育"。

孙启粹曾经有过十年在税务学校工作的经历，同时也当过小学代理校长、高中老师，对教育颇有心得。他常常教导孩子们，学做事前首先要学会做人，要做一个正直的人。孙启粹从来不赞成死读书，但他坚信"国有国法，家有家规，没有规矩，不成方圆"，他经常告诫儿女做事一定要踏实认真，一再教导子女："对于不明白的问题一定要想清楚，不可以囫囵吞枣；不懂装懂是自欺欺人的表现；要想做成一件事是没有捷径可走的，认真努力永远是成功的基本要求；万事不可投机取巧；坐有坐相、站有站样。"他还常常告诫子女"凡事要留有余地"，就是要求子女们在做事前一定要预先做好准备工作，仓促上阵，难免会考虑不周，做事容易出现纰漏，"不打无准备之仗"。这些家训奠定了孙家儿女今后为人处世的态度和方式，对孙承纬影响至深。

家教严格的孙启粹不仅教导子女怎样做人、做事，同时自己也以身作则。孙启粹十分爱好书法、篆刻、楹联和灯谜，他的字俊朗飘逸，雕刻浑厚有力，古文功底尤其深厚，英语水平也很高。一有空闲，他就会去看书、写字、做文章，书桌前也总是摆着他喜欢的字画书籍。孙启粹在家庭中塑造的浓厚文化氛围给孩子们的心中播下了喜爱读书的种子，等到孩子们稍大，孙启粹就会教他们识字认数。

孙启粹手把手地教他们写字，从坐姿、握笔到一笔一捺，孩子们写完以后孙启粹不仅要进行一一点评，同时对写得不好的字立即纠正和示范。孙承纬读小学的时候，父亲教他英语，细心地在一个小本子上把英语的发音都写下来，每天很认真地教他读音。

家中的书架上摆满了各种古典书籍，特别是《辞源》和《辞海》，在孙承纬的中学时期，对他学习上的帮助起到了大作用，每每学习和作文遇到不懂或理解不深的词汇，他就会拿来寻求答案，渐渐地，漫无目的地翻翻辞书也成了孙承纬的爱好之一，好奇心很强的他常常捧着一条一条地翻着看，知识面不断拓宽。

自1945年起，孙启粹将家搬到黄埔区山西南路31弄7号，更是给子女们的读书学习创造了天时地利的好条件，山西南路旁边的福州路上遍布各种书店，不远处还有个社区图书馆。孙家孩子们自上小学识字开始，图书馆和书店便成了他们流连忘返之地，孙承纬也在哥哥姐姐的带动下养成了逛书店看书的习惯，从小就培养了浓厚的读书兴趣。在孙启粹立规矩、以长带幼的教育理念下，长子长女自小就表现优秀，在他们的示范下，弟弟妹妹也培养起了热爱知识、自觉学习的习惯。

在子女教育的问题上，孙启粹有自己的分寸，面对子女考试取得的好成绩，他从不会有过多的表扬，一句"不错"，已是很高的褒奖了。孙启粹认为过分的夸赞会毁了孩子以后的前途，是绝对不可以的，但是如果孙启粹发现哪个孩子的成绩有所下滑，便会很细心地考量，到底是孩子身体不好呢还是遇到了什么问题，在用心找到症结后想办法帮助孩子一起克服困难。孙启粹不仅仅是盯住子女们的考试成绩，在日常生活中他会仔细观察子女的兴趣所在，有什么专长，喜欢什么，他会帮助子女朝喜欢的方向发展。

时隔多年，孙承纬依然很感叹孙启粹的教育理念："如果我成绩每次都还可以的话，我父亲平常就不会过多地过问学习。他关心的是，这个小孩有什么自己特别喜欢的东西要帮助发展的，他特别上心，这是很开明的"。

有一次，刚上小学的孙承纬站在写字台旁看父亲写字，孙启粹看见写字台上水盂中的水干了，于是便问他："把一滴水放在什么里面才干不了？"孙承纬回答："放在水里面。"孙启粹听后很高兴，连连称赞孙承纬会动脑筋。观察到孙承纬对科学实践感兴趣后，孙启粹还给他买过很有技术趣味的玩具，如从纸管中吹出去的降落伞、转轮式的小手枪等。

有一次上海市举办少年儿童科技作品展览，孙启粹得知后托人搞到两张票，晚上下班后专门带孙承纬去看展览，拓展他的知识面和眼界。因为孙启粹擅长篆刻，家里各种维修工具很多，例如，治印刻刀、榔头和老虎钳以及各色钉子和小五金等都维护得很好，放在家中写字台左边最下面的抽屉里，这些工具都成了孙承纬动手学本领的起步家当，他经常拿这些工具做玩具玩，父母从来不会阻拦，更不会加以干涉。孙启粹在发现孙承纬喜欢做木工之后，为了让他做木工活更方便、更顺手，特意请商务印书馆的木工师傅把一截断锯条装上把手，做成鸡尾锯送给他。依靠这把鸡尾锯，孙承纬做了很多家庭常用的小物件，在家里也用了很长时间，特别是两个书架，几十年后孙启粹依然在使用。

对于父亲的谆谆教导，孙承纬那时的想法是："我要考上一个好学校，这对我父亲是很大的安慰。我们将来出来能够工作有成绩对父母也是很大的安慰。"后来，孙启粹的七个子女均不负其所望，陆续进入大学深造，实现了他"每个孩子都要上大学"的愿望。

《周易》坤卦中有"积善之家，必有余庆"，大意是有行善积德之风的家族，子孙后代都会有好报。孙启粹、周静诤的家庭正是这样一个和睦、仁善之家，他们不仅殷殷教导孩子们成长成才，更重要的，是用良好的家风帮助孩子们树立良好的品格。

在街坊四邻的眼中，孙家是一个读书人的家庭，有知识有文化，每当邻居们家里遇到问题时都来向孙启粹请教，他也乐于帮助邻居们，总是尽力去帮助来讨教的人。尤其是逢年过节，上门的访客更是络绎不绝，请孙启粹帮助写上一副对联仿佛是过年必备。孙启粹从来不拒绝，铺纸研墨，用他那俊朗飘逸的字体非常用心地为来者写上一副喜庆吉利的对联，然后微笑地看着来者欢欣地离开。那时弄堂里多户共用一个电表和水表，费用公摊，每个月都是孙启粹帮助大家计算电费、水费，而平日里帮助邻居们起草信件、读报、修理更是经常之事，孙启粹总是很热心地为大家服务，从来不会有半点厌烦之色。周静诤在中华人民共和国成立前主要在家操持家务、照料七个子女的日常生活，后来参加了居委会的工作，长期担任妇代会主任兼居委会副主任。周静诤为人非常直爽，做事干练，待人很热情，非常善于团结群众，先后被评为优秀工作者、上海市妇女参加社会主义建设积极分子。孙启粹和周静诤的一言一行，都被孩子们看在眼里记在心间，孙承纬深深感受到："我们家的人都性格比较温和，这可能和遗传有关系，不去和别人争执什么事情。我父母一直辛辛苦苦在工作，是我们的榜样，让我们知道既要辛苦工作，还要待人宽厚。"

孙启粹和周静净不仅为人善良、乐于助人，对儿女们更是倾尽全力地关心爱护。因平日里要为九口之家的生计四处奔波，孙启粹在家的时间并不多，经常晚上回到家时已是八九点钟，然而他总是抽出时间来和孩子们聊聊天、与他们一起写写字，竭尽所能地去关爱每一个孩子。在孩子们心中，这个家教严格的父亲并不严厉，是一位名副其实的慈父。

孙承纬终生难忘的是烈日炎炎下父亲的身影。刚上初中不久，家里的房子因年久需要翻修，家人因而分散到四处暂住，孙承纬住到了寄祖母（父亲的姑母）家中。每逢星期日，住在各处的家人都会到母亲周静净借住的地方相聚。一次中午聚会后，父亲送他到电车站回去，当时正值盛夏十分炎热，父亲突然叫住他，让他等一下，话毕便返身跑到路边的一个小店里买了一顶草帽，父亲细心地给他戴上帽子，并细细叮嘱他要多喝水、注意防暑。孙承纬坐在电车里，看着烈日下的父亲站在路边目送自己离开，那个渐渐远去的身影一直深深印刻在他的脑海，如同父母给予的爱护从来没有离开过。

大学时期，孙承纬买了几本外文书，假期带回家中，父亲看见后细心地用牛皮纸包了封面，并用毛笔写上俄文书名，还细心地指导他怎样刻藏书章和名章，并且给这些印章刻边款、做封套，这些行为习惯对孙承纬都影响至深，无论工作还是生活，他做事都非常注重细节。

1986年，新编《辞海》（缩印本）第二次印刷发行，工作单位尚在四川大山深处的孙承纬马上写信回上海请父亲代为购买，当时已是八十高龄的孙启粹接到信后赶紧到南京路新华书店为儿子抱了这本2200多页如砖头重的大部头回来，让孙承纬深深感受到父爱的伟大。

如果说孙启粹是慈父，那么周静诤是名副其实的慈母，对每个子女都体贴爱护。九口之家的大家庭，家务从早到晚都忙不完。光家里每天做饭、烧菜、洗衣服，就很辛苦了。那时候的衣服跟现在不一样，都是卡其布、华达呢的料子，小孩子一年下来，膝盖、屁股上面都有洞，袜子也是一两个月就破掉了，缝补衣服的工作量也不小，但是周静诤始终认为孩子们读书是第一要务，只要看到他们在做功课，再苦再累也不叫他们做家务。

孙承纬上中学后每天中午都要带饭，那时的饭盒比较小，周静诤担心儿子吃不饱，装饭时总是压得紧紧实实的，经常还变着法子更换饭菜的花样，譬如罗宋面包夹蒸咸肉、炒面等，这些在20世纪50年代都是难得一见的好东西。上高一的时候，孙承纬的后脑勺突然出现了白头发，后来渐渐变成了一圈花白头发，周静诤看见了心里很着急，买来黑芝麻碾成粉给他吃，在吃了两年妈妈坚持精心研磨的黑芝麻粉后，到了高三他的头发慢慢地都变黑了。孙承纬酷爱看书，一次看到一本《初等方程式论》的精装旧书，售价一元，相当于他半个月的车钱，他非常想买但苦于囊中羞涩，于是向母亲求助，周静诤得知孙承纬要买书，二话没说马上掏钱给他，让他得以如愿。

每逢孩子们考试，周静诤都会把时间记牢，叮嘱孩子们不要睡过了头。孙承纬考大学时一共三天，每天早上要先赶到虹口中学，然后坐学校包车横穿整个市区，才能到达设在华东纺织学院的考场。因为第一天考试比较紧张，考完试后又从考场长途走回家，第二天早上没能按时起床。幸亏母亲一直关注着时间，发现他睡过头了赶紧叫醒他，才得以正好赶上去考场的校车。

在父母殷殷爱护之下，同时也经常耳闻目染父母乐于帮助他人的仁爱行为，孙启粹的孩子们身心健康地成长起来。七个子女在一起难免会产生争执，孙启粹始终坚持一个原则：不管发生怎样的纠纷，年长的孩子必须要让着年幼的孩子。两个孩子发生了争执,首先会去批评年龄大一点的孩子,然后再去详细了解事件的原委,循循善诱地给孩子们讲道理。在这个原则下,孙承纬的兄弟姊妹之间形成了互相谦让、互相爱护的风气,哥哥姐姐总会去让着弟弟们,彼此之间发生的纠纷越来越少,学会了兄弟姐妹间互相关爱,彼此谦让、照顾,家庭氛围始终充满了友爱的气息。

大哥孙承绪、大姐孙承永工作之后,先后负责弟弟妹妹们的学费生活费,孙承纬考中学时,在择校、复习等问题上都得到了大哥和大姐的很大帮助。二姐孙承平知道弟弟孙承纬喜欢看书、买书,还不时买些电子器件搞无线电,每个月就从大哥或大姐给的生活费中多分一元给他,好让弟弟手头宽裕些。三年困难时期,大家生活上非常艰苦,有一次食堂难得发了两个豆沙包,孙承纬便赶忙拿着一路小跑找到孙承平分给她一个。孙承纬参加工作后,自己省吃俭用开始接力给两个弟弟孙承统、孙承绶提供生活费,只要弟弟们有需要,哪怕是自己节省一些,也要满足他们的需要。从北京大学毕业时,孙承纬好不容易攒了近20元钱,当他在北京菜市口的一家旧货店里看见一只五灯变压器时,想到做收音机和电视机可以用上,权衡再三,"狠心"花了16元买下，一直当作宝贝收藏着，当他知道四弟孙承绶装电视机需要时，立刻割爱送给了弟弟。

就是如此，孙启粹和妻子周静净的八字家风"敏思、笃学、自强、进取"激励着子女们在成长中树立了前行的目标。对于传世家风，孙家子女这样理解：敏思是善于思考，积极钻研；笃学是踏实认真，治学严谨；自强是为国效力，不落人后；进取是学无止境，勇攀高峰。同时，始终萦绕在家庭中浓厚爱的气氛更是他们健康成长的有力基石。父母对子女的舐犊之情、兄弟姐妹间的手足之情、子女对父母的反哺回报，无一不是中华民族的传统美德，爱的教育，是孩子形成健全人格必不可少的一个环节。

孙承纬在总结家庭对他的影响时这样说："家里对我的教育有两点，一是父母做人很本分，很乐于助人，不大自私，这一点很重要；二是对花花绿绿的世界、对奢侈生活没有什么兴趣。"家庭教育是他以后养成低调谦逊、淡泊为人品格的基石。幸福、美满的孙启粹和周静净的家庭多年被评为上海市"五好家庭"，1983年被评为全国的"五好家庭"，并被中华全国妇女联合会授予奖章。

"科学少年"养成记

孙承纬的外婆非常能干,特别是针线活做得非常好,跟随女儿生活后,周静诤一家老小的衣服和鞋袜基本都是她亲手缝制的。

尚未上小学的孙承纬年近5岁,哥哥姐姐去上学了,年幼的他大多数时间里除了外婆没有人可以交往。游戏是孩子的天性,没有小伙伴的孙承纬开始学着自己找材料做玩具,外婆做衣服用剩下的缝纫机上的木头线筒,便成了他第一次做手工的原材料。

孙承纬在线筒两端边上都刻一排齿口,并在一端钉上两个小钉子,挂住一根穿入线筒孔里的橡皮筋,另一端架一根小木棍,揽住从线筒中孔穿出再通过一颗算盘珠孔的橡皮筋,用小木棍转动橡皮筋,放到地上线筒就会滚动,一辆"坦克车"就做好了。他常常拿着它在家门口玩耍,经过不断改进,小小的"坦克车"不仅可以在平坦的路上开,而且还可以爬坡下坎。"坦克车"的成功给孙承纬的影响非常深刻,极大激发了他自己动手的兴趣。从那时起,他开始喜欢动手做东西,小船、官帽子、纸飞机都是他经常做的玩具,在跌跌撞撞的摸索中开始了科学实践启蒙。

1945年9月,孙承纬进入了私立华华小学读一年级。华华小学是一所"弄堂"里的"大楼小学",距离孙承纬的家非常近，孩子从家中出来拐入旁边的弄堂自己就能到达学校，这也是父亲选择让年幼的孙承纬就读华华小学的主要原因。

孙承纬的班主任毛蓓蕾是音乐老师，也是校长朱由龙的妹妹，不仅教课非常认真，而且非常和蔼可亲，把学生们当成自己的孩子一样爱护。校长朱由龙年轻有为，立志投身教育事业，亲自作词作曲谱写校歌，由毛蓓蕾在音乐课上教给学生们。毛蓓蕾弹着风琴教孩子们唱歌，孙承纬与大家一起很愉快地跟着唱，从那时起，一颗喜欢音乐的种子悄悄地种植在他幼小的心田上，直至成为陪伴他终身的兴趣。校歌旋律优美、歌词铿锵，虽然年幼的孙承纬并没有理解真正其中的含义，但"做国家栋梁"一句从幼时就深深植入他的心中，在未来的数十年中生根发芽。

那时的小学基本没有家庭作业，学生回到家便有了很多课余时间，都在玩，但孙承纬玩的方式和别人不一样，他的玩就是阅读课外书籍和手工制作，也正是这一时期孙承纬培养起了酷爱阅读和擅长动手制作的习惯。

上海市中心山西南路清河里（即31弄）是一条百年以上的陈旧石库门弄堂，孙家位于第二个支弄百福里7号，旁边的福州路上遍布书店。孙承纬自小就喜欢去福州路上的书店看书。对他来说，最惬意的时光就在书店里随意翻翻各种书籍，常常是拿到一本心仪的书，就席地而坐如饥似渴地埋头阅读，有时甚至忘记了回家的时间，《三国演义》《水浒传》等名著都是那一时期阅读的。

到了小学六年级的时候，孙承纬拥有的藏书竟有六七十本之多，主要是科普和历史类读物，他已经深深感受到了读书的魅力。武侠和历史书籍中描绘得活灵活现的人物及生动有趣的故事情节，都让他手不释卷。

孙承纬不仅酷爱课外书籍，同时也爱思考问题，爱动手实践。从学龄前开始做的第一台"坦克车"起，经常独处的他就不断地琢磨着做各种玩具。有时也喜欢钻"牛角尖"，做一件事情一定要想清楚弄明白了，会坚持到底，不会轻易放弃。小学生孙承纬在学本领学手艺过程中，开头难免出些"漏子"，如划破了手、弄坏了刻刀，更麻烦的是修电灯时弄断了保险丝、修理闹钟时发条蹦出来装不回去等，父母不会责备或阻拦，总是对他宽慰和帮助。随着年龄的增长，他逐渐地培养了很强的动手能力。

1951年，家里买了一台电子管收音机，当时是个稀罕物件，也是家里仅有的大件电器。孙启粹很喜欢这台收音机，每天用来听国内外新闻，空闲时也听听京戏放松心情。作为仅有的家庭娱乐设施，不仅孙启粹喜欢听收音机，子女们也都爱不释手，已经上小学五年级的孙承纬也经常用来收听音乐。这时就遇到问题了，收音机只有一台，但是大家都想听，每个人的喜好不同，难免会有"冲突"，于是孙承纬手工制作的"需求牵引"就出现了。

孙承纬非常渴望能拥有一台属于自己的收音机，就自己想法子组装一台收音机。恰好家里有一套组装矿石机的元器件，是大哥孙承绪在初中时买回来的安装半成品，包括一个小收音机木外壳、一个可变电容器、一张组装电子线路图。因为有修理电灯、组装台灯的经验，孙承纬对电子线路并不陌生，于是他准备完成这台矿石机的组装。

孙承纬去旧货摊上淘零件，买了大块硅铁矿石回来，敲下一些芝麻大的小块，选取晶面平整的矿石颗粒装在矿石座子里，再装到收音机的线路中。随后进行调试，重点是将矿石座里的金属针磨细，改变针尖和矿石晶面的接触点，形成良好的点接触二极管。调试时孙承纬常常忘了吃饭睡觉，终于能够通过耳机听到声音了，他高兴得又蹦又跳，"献宝"似的拿给父亲母亲看，叫着："空中无线电波收到了！收到了！"通过制作矿石收音机，孙承纬不仅感受到了手工制作成功的快乐，获得收听音乐的喜悦，更扩大了对科技世界的了解。

虽然矿石机的效果差强人意,时不时还会串到别的频道,但在当时也是青少年"科技前沿"的作品,孙承纬既满意又骄傲。在这台矿石收音机的陪伴下,他常常一边听音乐一边做自己喜欢的手工,这种用听音乐放松自己的方式成为孙承纬的终身习惯。

1951年夏天,在当时录取率仅为1/20的情况下,孙承纬顺利考取了虹口中学初中部。初一全年级有甲乙丙三个班,孙承纬被分在乙班。

上海市虹口中学建立于1949年,这所与共和国同龄、与行政区同名的学校,前身是国立上海师范专科学校和新陆师范学校。1949年上海解放后两校迁出,原师专附中由人民政府接管,命名为上海市虹口中学。虹口中学成立后,虹口区教育局从各学校选调了一大批思想进步、有教育经验的教师到虹口中学任教。这些老师大都是名校毕业,不仅知识渊博、经验丰富,而且有着良好的师德,他们课堂上认真讲课,课堂下有问必答,带来了新思想、新内容。在他们的努力下,虹口中学营造出了"勤奋、踏实、简朴、友爱"的良好校风。

初中时,要从头开始学英语,老师们讲课的时候不仅经常用英语进行提问,还常常讲些英语小故事,激发学生们学习的兴趣,这对于小学只学过半年英语的孙承纬实在是个福音，英语基础得到了巩固。初二新增了物理、化学，这两门课程都有实验课，这对从小就喜欢动手实践的孙承纬可谓"如鱼得水"。他从一开始就喜欢上了这两门功课，每次实验课都做得非常认真、仔细。博物课的老师讲课生动，经常在课堂上展示生物标本，给学生们带来不小的"惊喜"。孙承纬就是在这样的校风学风浸润下成长起来，这也成为他身上不可磨灭的印记。

其实，孙承纬初中阶段学习并不主动自觉，整天都在"玩"。他的"玩"，是大部分课余时间都花在阅读课外书籍和手工制作上，放学后并没有再想着要去复习和预习课本知识。虽然在学习上花的精力不多，但聪慧的孙承纬成绩始终保持在班里的中上水平，他的平均分从初一时的76.8分上升到初三时的82.8分，成绩一直在稳步提升。

在这段时期，孙承纬阅读的范围开始渐渐拓宽，阅读书籍的种类也开始逐渐增加。他常常在图书馆借书，习惯中午在学校边看书边吃饭。他看书的速度很快，往往一两天就换一本书。除了看科幻小说之外，还看了大量的外国翻译小说和人物传记，像《鲁滨孙漂流记》《卓雅和苏拉的故事》《彼得大帝》等，还从父亲的藏书中找书看，其中有瞿秋白编的《鲁迅杂感选集》以及茅盾、冰心、高尔基的作品。

在中学的六年里,从家到学校步行需要半个小时时间。每星期妈妈都会给他几角钱,让他坐电车上下学。但他常常是天没亮就拿着妈妈准备的饭盒走路去学校,下午放学再走路回家。这么做,孙承纬心里有自己的"小九九"——走路上下学,就有了充足的时间可以沿途逛逛书店,更重要的是,省下的车费可以买自己喜欢的书籍了。福州路上的世界书局、龙门书店、中华书局、新华书店、古籍书店等都是他经常流连忘返之地,他常常一个一个书店挨着逛,任意翻阅,遇到感兴趣的书就坐在地上慢慢看。渐渐地,孙承纬发现有时候在书店浏览比上图书馆借书还方便,新华书店还有很多从外文翻译过来的科普图书,这类书往往让孙承纬迈不开脚。虽然有些书超过了自己的知识范围,但他自我解嘲地说,"不求甚解,不亦乐乎",不懂的书先囫囵吞枣,再慢慢消化领悟。渐渐地,他对科学的兴趣愈发浓厚了。

1951年春节,孙承纬花费了"巨款"从世界书局买了一直心仪的两本书:《玩具制造》和《机械工艺》,都是美国科普杂志的选编本,里面讲述了怎样做玩具步枪、蒸汽机、小火车、潜水艇等。之后,他陆续又买了从俄文翻译的《少年机械工程师》《少年电机工程师》等青少年技术书。孙承纬认真地将这些书看了很多遍。

他最心仪的是制作潜水艇模型，在当时做潜水艇的很多原材料无法搞到，因而也无法付诸实践，但孙承纬从书中学会了很多手工技术、机械原理和设计方法，对于提升他的思考和动手能力帮助很大。

从学龄前做的第一台"坦克车"开始，到组装矿石收音机、制作电动机和小型模型，孙承纬在其中不仅学会了很多手工技能和科普知识，同时养成了善于思考、勤于琢磨的习惯，对未知领域深入探索的求知欲成了他成长的最强推动力。直至耄耋之年，他的好奇心探索欲、思维和行动的敏捷度一点不比年轻人差。

1954年7月，15岁的孙承纬从虹口中学初中部毕业，考入虹口中学高中部。那时，虹口中学开始全面实行苏联式教学法，采用五个环节（组织、复习旧课、讲授新课、巩固新课、布置课堂作业）教学，特别强调课堂考查，主张课堂消化吸收，即课堂笔试、课堂提问、黑板上现场答题三者相结合，俗称"海陆空"方式。其中，课堂提问和黑板答题的时间几乎占了三分之一课时，复习、巩固与学习新课都在课堂上解决。上课时学生们精力高度集中，效率很高。

在名师的教授下，同时也因为实行"苏联教学法"没有家庭作业，记忆力、理解力都很好的孙承纬感到学习很轻松，虽然升入了高中，孙承纬依然延续了初中时期的学习模式，主要学习任务都在学校完成，课余的大部分时间都投入手工劳作及课外阅读上，一心沉醉于自己的兴趣爱好之中。

让孙承纬的学习习惯发生改变的是一次数学课堂测验。高一上学期的一天，正是秋高气爽之际，十分钟的课间操时间里，孙承纬和小伙伴们玩得热火朝天，上课铃响后，孙承纬急匆匆地跑回教室刚刚坐下来，代数老师罗洁玉就出了一道因式分解题作为课堂测验，检查学生们对刚讲过的因式分解问题掌握的程度。

一拿到题，孙承纬就懵了，似乎感觉头脑还在课间时的游戏里没有回来，对着题目完全无从下手，因式分解的公式早已忘到九霄云外，他怔怔地看着题目，想了许久也想不起来，于是只能胡乱凑了个式子，随便写了几笔。可想而知，这次的考试结果不理想，孙承纬得到了升入中学后的第一个不及格。

罗洁玉面对这个成绩也很诧异，她对孙承纬说："你怎么能考得这个样子呢？"罗老师的这句话犹如当头棒喝，让孙承纬无言以对，同时也感到羞愧。上了这么多年学，成绩一直都是中上水平，从来不觉得学习是一件很困难的事情，今天却遭遇"滑铁卢"。这件小事让孙承纬"痛定思痛",不能只是上课认真听课,课后也要复习,不然很多知识很容易就忘掉了。

下课回到家里,孙承纬翻出来从前买的樊畿编写的数学小丛书,其中有一本是关于因式分解的,大致有三四十页。孙承纬把书认真地看了一遍,明白了其中的道理,也知道了白天学校的题目该怎样做。

这以后,孙承纬调整了自己的学习方法和课外活动安排。手工制作在孙承纬的课余生活变成了一件次要的事情,而看书学习渐渐成为孙承纬课余生活的重心。到了高一,数学、物理等科目更是引起了他的兴趣,主动学习的劲头越发强烈。将精力逐渐转移到学习上以后,孙承纬开始不再仅仅满足于掌握课堂上老师教授的知识,而是开始主动去找课外习题集来做。

家里大哥大姐留下来的辅导书《金品几何》、上海中学校长朱凤豪编写的《新三角学讲义》都被孙承纬找来认真地做了一遍,边做边自己琢磨题型,找出其中变化的逻辑规律。物理则是用的苏联中学九、十年级的习题集。这些书都是孙承纬自己在家对面的旧书店里淘回来的。

孙承纬总结了两个学习"秘钥":第一个,一定要搞懂弄透教科书上的例题,这些题目都具有一定代表性,掌握了例题的解题基本方法就可以融会贯通;第二个,基本公式一定要熟练掌握并牢记,解题时就不会茫而无知,因为它们是通向解题方法的台阶。

孙承纬在以上两个学习"秘钥"基础上开始大量做题,攻克难题动脑筋的过程在他看来是一件很有趣的事情。孙承纬尤其喜欢做数学题,在他看来,也许数学思维较少受到客观物质条件的限制,思考数学解题给予了头脑更大的"活动空间"。平面几何、立体几何、三角等方面的数学题题型变化多,在做了大量题目的基础上就可以找出解题规律,到了高三的时候,书上能找到的各种类型难题几乎都练习过,题目做多了,孙承纬对数学题就有了把握,还被推荐到市里代表虹口中学参加数学竞赛。数学老师翟宗萌对"高才生"孙承纬倍加关爱,经常和孙承纬一起讨论几何难题的解法。有一次翟宗萌提出,希望孙承纬将自己做过的几何难题汇编成卷供教学参考。几天之后,孙承纬就将包含200多道几何难题的汇编本交给了翟宗萌。

从初中时的"不主动"到高中的"主动"学习,孙承纬不仅学习成绩提高了,同时也养成了课后拓展的良好学习方法,培养了独立思考的能力,这样的学习方法成为他终身的学习和工作习惯,使得他总是能先行一步,对知识的掌握不仅有深度而且有广度。

从"独立小队"到"青年团员"

1954年10月1日，中华人民共和国迎来了第一个五周年大庆，全国各地都开展了热烈的欢庆活动。在虹口中学就读高中的孙承纬也和同学们一起参加了上海市的庆祝游行。

游行活动非常热烈，从上午十点二十分开始，一直延续到中午十二点。晚上全校上千人穿各种民族服装参加狂欢，欢声笑语、热情洋溢，一直到夜里十二点。这时候仍然兴奋不已的孙承纬又与同学们去了人民广场参加军民联欢，共同欢庆，直到凌晨五点半才回到家中。躺在床上的孙承纬热血沸腾，翻来覆去久久不能入睡，脑子里不断涌现出看到的一幕幕场景。从小时候起，他就常常听父辈们讲起以前祖国山河破碎、民不聊生的情景，长大后，他看到了祖国在一天天越变越好，那时物质生活虽然并不丰富，但人民安居乐业，充满希望，新社会朝气蓬勃、欣欣向荣。在这热烈欢庆气氛的影响下，"天下兴亡，匹夫有责"的感觉前所未有激昂，充斥在孙承纬的心中。

孙承纬升入高一时，班上共有七位男同学还没有到少先队员退队的年龄，他也是其中之一，但是高中班里已经没有少先队组织了。孙承纬和朱贻珆等同学在一起商量，既然没有退队，那么能否申请在高中部成立一个少先队小队呢？他们在课间操时间来到少先队总辅导员盛一平老师的办公室，表达了希望成立少先队小队的愿望，得到了盛一平的同意和支持。

经学校大队部批准，于1954年11月7日，成立了少先队虹口中学高中"独立小队"，由孙承纬、朱贻琯、黄孝安、雷国兴、施定基、吴祈晖、吴廷瑜共七人组成，孙承纬担任第一任副小队长。

从小队成立的第二天开始，每个队员都坚持天天佩戴红领巾，这在大多数学生都已经退队了的高中部是一道独特的风景线，甚至在上海市其他的高中年级也是绝无仅有的。他们每当想到自己是一个少先队员，就是要为共产主义奋斗到底，用"时刻准备着"的誓言鼓励着自己，积极主动参加学校的各项活动。小队成员之间团结友爱，互相督促，积极要求进步。他们不仅在学习上互相帮助，政治上也互相促进，在班级里发挥了模范带头作用，深得同学们的好评。

1955年6月4日，为了庆祝"六一"儿童节，虹口中学大队部在大操场上搭起了营火，晚上7时举行了"大队齐步前进"营火晚会，"独立小队"负责点燃和管理营火。接过了这项非常"光荣的"任务，整整两个小时的时间，小队队员们跑来跑去，不断添柴加薪以保证营火不能熄灭。近距离挨着熊熊燃烧的火苗，大家都热得满头大汗，但心里高兴极了。

在营火晚会上，对先进个人、先进集体进行了表彰，"独立小队"被评为校级少先队优秀小队。党支部奖励了一本《优秀团员和青年的故事》，团支部送给小队队员每人一本《团章》，四位辅导员送给小队的礼物是《海鸥》《生活的目的》《关于青年思想修养的几个问题》《培养独立思考能力的主要关键》四本书。感受到组织的关怀，小队队员们拥抱在一起，既开心又兴奋。他们对这四本书更是珍而重之，经常凑在一起轮流翻看，交换心得体会。

1955年6月24日，"独立小队"在虹口公园举行小队活动，邀请了辅导员参加。大家围坐在一起，纷纷畅谈自己的理想，欢声笑语不绝。就是在这里，孙承纬说出了在心中埋藏已久的理想："我的理想是要当一名设计家、军事家，要造出很多很多的坚船利炮，让我们的祖国永远都不会再因为落后而挨打！"孙承纬握紧了拳头，眼神亮晶晶的，充满了希望和憧憬。热烈的掌声响起，无论是小队成员还是辅导员，大家都异口同声地说道："为了共产主义而努力奋斗！"

1955年7月9日，由于超龄，"独立小队"的队员全体离队。

1955年7月30日，上海市召开了第一次少年先锋队员代表大会，上海市团委在会上宣布少先队虹口中学"独立小队"为"优秀少先队集体"，予以表扬嘉奖。8月2日，"独立小队"受到团市委表扬的消息传来，大家都非常高兴。孙承纬写了一封信给朱贻琯："我们一定竭力保持'独立小队'的光荣。1957年在我们一生中多么重要呀！这一年中我们开始踏上生活之路，各条道路都要为着一个目的——共产主义的理想努力。"

时隔漫长的五十年后，2009年10月，6名当年的"独立小队"队员相约来到虹口中学新校区，参加虹口中学60周年校庆活动。从青春少年到白发耄耋，他们回顾以往感慨万千。孙承纬作为特邀代表，在大会上作了发言，他以"谁言寸草心，报得三春晖"这句名言作为开场白，表达了对母校的感恩之情。接着，他又深情地说道："入学伊始，我们都是懵懵懂懂的孩子，是学校和老师教我们懂得了做人、做事的基本道理，学会了表达、理解和思考，锻炼了健全的体魄，培养了对大自然的热爱，引发了对美好事物的向往。离开母校之后，无时无刻不感到中学教育对我们以后学习和工作的巨大影响，始终鼓励着我们做一个有益于人民的人，做一个对国家和社会有用的人。"

1955年9月,孙承纬升入高二,在虹口中学浓厚的积极上进的气氛熏陶下,在组织的启发教育下,入团的愿望在孙承纬心中慢慢强烈起来,他觉得一个人总要有组织,才能受教育,才能有进步。

那时"独立小队"的队员朱贻琯和沈林根已经入了团,经常热情地邀请孙承纬一起参加支部的组织活动。在这里,他感受到了团组织真诚热烈、团结向上的气氛,看到同学们互相关怀又毫不留情地相互批评与自我批评,每个团员同学都以一个共产主义建设者的标准要求自己,这让孙承纬非常羡慕,向他们学习、与他们比肩同行的愿望也越发强烈,他在日记本里写下,"我要学习他们对祖国事业的主人翁感"。

在大家的帮助下,孙承纬认认真真地写下了入团申请书。他这样写道:"自从离队之后我就没有了组织,回想以前在小队中大家团结友爱、互相帮助,使我进步了不少,在那时我们都决心要争取入团。离队后我比以前散漫了,同时也因为没有了组织很苦闷。经过很多次组织生活使我认识到青年团是个团结友爱的集体,在其中可以提高自己的政治觉悟、工作能力,能在相互帮助下不断改正缺点,永远前进。在这个组织中能成为一个有伟大理想的、勇敢勤劳的、朝气蓬勃不怕任何困难的青年，而且只有这样，青年才能担负起建设中国人民许多年来所为之奋斗的社会——社会主义社会。"

在支部组织下，孙承纬和争取入团的同学们一起学习团纲、团章，一起学习了《论共产主义道德》《改造我们的学习》等书，经常开生活批评会，互相检查、互相激励。支部也在会上耐心帮助他们，提出需要进步的地方，也指出尚待改进的地方。每个人都非常诚恳真挚，让孙承纬感到心里热乎乎的，按照大家提出的意见认真地审视自己的不足，时时刻刻督促自己改进。在这种氛围下，他的进步很大，政治热情高涨。

1956年前后，在中国刚刚进入社会主义社会的历史背景下，中国共产党的第一代领导集体，表现出了极大的勇气，大胆探索具有中国特色即不同于苏联的社会主义建设新道路，掀起了社会主义建设的高潮。通过这一段时期的所见所闻，孙承纬目睹祖国发生着翻天覆地的变化，年轻的他欢欣鼓舞。孙承纬的入团介绍人朱贻琯和沈林根也经常和他在一起讨论个人的生活目的，给了他很大的启发，那一时期孙承纬特别向往美好的共产主义，向往无压迫无剥削的美好的世界，为这种理想献身的人们所展现出来的无私无畏精神，更是令他深深为之钦佩。

同时，在团组织的指导下，他开始看一些青年道德修养的书籍和哲学书籍，通过阅读《大众哲学》《形式逻辑》，他开始逐渐懂得人生观、世界观的意义。对他产生了至深影响的书籍则是苏联教育家马卡连柯著的教育小说《塔上旗》和中国哲学家、教育家冯定所著的《平凡的真理》。他特别对《平凡的真理》一书爱不释手，看完之后，深有感悟："包括对外面的看法，对自己的看法，之后突然豁然开朗，更加觉得人生一定要有追求。"

反思自己的心路历程，最初孙承纬认为党团员只是一种荣誉，但是通过参加团组织的活动，对党团的性质有了进一步了解。他认为人的一生必须有一个政治理想来充实，这个政治理想无疑是共产主义，他对自己说："既然大家都有共产主义的志愿，志同道合的人必须组织起来，团结更多的人，才有进步才有力量。"

思想上的转变使得孙承纬入团的愿望更加热切了。怀着报效祖国的理想，在入团志愿书中他用力写下了自己的入团动机："我有一个志向，就是要把一生贡献给壮丽的共产主义事业。为了在组织的教育下使自己更快的进步，为了能作为青年团这个战斗行列中的一员更好地为共产主义奋斗，我要求参加中国新民主主义青年团。"

1956年12月7日，在入团志愿书中，入团介绍人沈林根（支部委员）、朱贻琯（虹口中学团委干事）这样评价了孙承纬："孙承纬同学热爱祖国，关心时事，决心为使祖国赶上世界先进科学水平而努力，有强烈的求知愿望，学习努力认真，工作主动负责，并能开动脑筋。能积极地准时地参加各项活动。"

1956年12月19日，团支部大会通过了他入团的决议，孙承纬如愿以偿成为一名光荣的共青团员。

立"向科学进军"之志

在虹口中学高中部，孙承纬不仅政治上要求进步，从一名少先队员成长为一名共青团员，同时找到适合自己的学习方法后，孙承纬的学习渐入佳境，到高三时一跃进入班级前五名。

虹口中学十分重视素质培养，学校里开展了丰富多彩的课外活动。兴趣爱好广泛的孙承纬，积极参加了航模小组、无线电小组、船模小组和口琴小组。

在航模小组，通过老师的指导，初中时就已经有些航模基础的孙承纬对航模制作有了更深的认识。高一寒假，航模小组接到任务，制作一架在虹口区中学生运动会上展示的航模。一直渴望能够亲手制作一个大航模的孙承纬跃跃欲试，和兴趣小组的同学们一起展开了热烈的讨论。孙承纬提议，既然任务的目标是放在运动会入场处展示用，那么飞机模型一定要做大一点展示效果才会好。小组同学们都深表赞同，并一致推举孙承纬来设计这架飞机模型。他找来当时航模小组普遍参考的蒂沙科夫滑翔机的图纸，决定将1米多的蒂沙科夫滑翔机等比例放大4倍，机翼展开有4米多。做这样一个"大家伙"必须有图纸，孙承纬高一时课程里有"制图"课，所以绘制飞机图纸对他并不算一件难事，按照几何学的方法他很快就完成了图纸绘制。

孙承纬和小组同学在寒假花了半个多月的时间，大家每天都要去学校做飞机模型，一起设计、画图、采购竹条铁丝和纸张，弯竹筋、做翼型、糊蒙皮，虽然占用了很多假期时间，但是大家都做得兴趣盎然，在大家的齐心努力下，终于完成了外观很大的飞机模型。在学校操场里试飞时，他们发现飞机头部过轻，总是向下倾斜，孙承纬灵机一动，在飞机头部塞了一个6磅铅球，还加了一把钢丝钳配重。

1955年2月10日，虹口体育场彩旗飘扬，热闹非凡，参加虹口区中学生运动会的运动健儿们踏着整齐而有力的步伐依次入场，孙承纬和同学们制作的4米多长的"蒂沙科夫滑翔机"走在虹口中学运动队的前列，引来了一阵阵赞叹声，圆满完成了展示任务。

1955年的秋天，孙承纬参加了上海市少年宫无线电兴趣班。物理老师郁青田对他的影响不可忽视，当时还没有电视，郁青田就在黑板上给同学们讲电视的信号是怎么发出来的，这种"神奇"的信号发生传播方式极大地引起了孙承纬的兴趣。

兴趣班使用的教材是《电磁波——少年无线电之友》杂志月刊，通过无线电知识的培训学习，孙承纬了解了电子管和收音机的一些原理，对无线电的兴趣更加浓厚了，于是自己找来杨士芳所著的《无线电数学》一书，虽然其中有些内容已经超出了高中物理和数学的范畴，但孙承纬看得很起劲，每天晚上认认真真做笔记，还把最后一章中无线电数学习题都做了一遍，这些题目对他掌握物理知识起到了很大的帮助。无线电兴趣班结课后，孙承纬又趁热打铁，找来了很多和无线电相关的科普文章或读物，大多是从俄文翻译过来的，包括电视、雷达、电子计算机、电子显微镜、无线电技术原理等。

孙承纬将与无线电技术相关的读书笔记写在"无线电数学"同一个本子上。从那时起，他养成了分类做读书笔记的良好习惯，相同类型的读书笔记即便是跨越几年，他也会记在同一个本子上，便于以后查阅。这些被"读薄了"的读书笔记都成为孙承纬的知识库，被妥善保存下来。

航空模型的制作，无线电、数学等活动小组，带给孙承纬的影响非常深远，他对科学异乎寻常的热爱和探求知识的欲望迅速增长。进入高中以后，酷爱读书的孙承纬承担了班里图书馆代表的任务，主要负责班级借书的集体办理事务。每天课间休息的时候，孙承纬都要抱着一大摞插着同学们借书证的书籍去四楼的图书馆，帮着同学们借书、还书。图书馆的老师待人非常和气，去了几次以后，孙承纬就和老师熟悉了。老师也很喜欢这个安安静静爱看书的男生，同意他进到书库里任意挑选，特别是放在书橱顶上的中华人民共和国成立前出版的商务印书馆的"万有文库"等旧书。这可是难得的"优待"，孙承纬非常珍惜，借阅了很多珍贵的旧书，其中大仲马的《侠隐记》(即《三个火枪手》)至今让他印象深刻。他的阅读面不仅广还很杂，从文学名著、人物传记、历史哲学到科幻小说，因为读书速度快，记性特别好，孙承纬的阅读量要超过同班同学好几倍，经常"超额"借阅图书。

高中阶段，孙承纬的阅读兴趣逐渐集中，主要喜欢看数理辅导书、科普以及哲学等。科幻小说和《知识就是力量》杂志开拓了他的眼界，如小说《康爱齐星》描绘了人类进行宇宙飞行、移民其他星球的故事。孙承纬还喜欢阿·托尔斯泰写的《伽林的双曲线体》，讲述科学家发明了一种光线发射装置，可以远距离切割铁门、墙壁，甚至开挖地球深处的金矿。这让少年的孙承纬大开眼界，当时他并没有想到，几年之后激光的发明让这些幻想成为现实，更想不到十年后，竟成为自己为之长期奋斗的科研目标。

高一物理开始学习力学，孙承纬惊喜地发现，力学这一学科，能够充分应用数学工具，精确描述从钟摆、质点到导弹、天体等各种物体运动，许多机械运动（如炮弹、火箭的弹道）可以通过计算得到定量结果，这引起了他莫大的兴趣。

1956年1月14日，周恩来总理在中央关于知识分子问题的会议上作报告，发出"向科学进军"的号召，强调"科学是关系我们的国防、经济和文化各方面的有决定性的因素"。3月29日，物理老师郁青田把"向科学进军"的号召在班里向学生们进行了传达，鼓励学生们努力学习科学知识，刚过完16岁生日的孙承纬和同学们听得热血沸腾，为响应党中央号召，他和同学朱贻瑁共同制定了"向科学进军"的学习计划。

此时，孙承纬正在阅读《大众哲学》《形式逻辑》《平凡的真理》等人文科学书籍，使他开始了解人生观、世界观的意义以及如何使自己的思维更加有效地拓展，也开始理解如何辩证地思考问题，多方面的学习和外界的影响使得孙承纬感受到"人生一定要有追求"，他在自己学习《形式逻辑》一书的笔记本封面端正写下"立志攀登科学高峰"，孙承纬科学报国的初心就此奠定。

1957年1月，钱学森的"工程控制论"、华罗庚的"典型域上的多元复变数函数论"、吴文俊的"示性类及示嵌类的研究"同获中国科学院1956年度自然科学奖一等奖。这也是中华人民共和国第一次颁发国家自然科学奖。孙承纬从报上看到这一消息,对控制论产生了兴趣,他在新华书店买到苏联科普读物格林尼斯基著的《控制论浅说》中文译本,这是一本概述性的入门书,其论述深度介于专门论著与通俗介绍,阅读后孙承纬得到很多启发,他盼望求索的知识正是从火炮导弹发射、桥梁房屋建造、航海航空航天直至自动机的运行等令人眼花缭乱的事物背后的共同规律——力学基础,因而,这些阅读不仅增强了他学习数理的积极性,也找到了他希望报考的大学专业志愿——力学。他对自己说,"这里面有很多奥妙的东西我不懂,我想要去了解"。进入高三后,孙承纬明确了志向,决定报考当时国内唯一开设力学专业的北京大学数学力学系,希望将来能够从事这方面的研究。

高考前的各科总复习,孙承纬记忆最深的就是物理课。郁青田出的高考模拟试卷一次比一次难,再牛的学生也不敢懈怠。后来,孙承纬和同学们得知,郁青田出的物理题都是来自《大学普通物理习题集》,这些题对高中生来说自然是难度很大的。每次模拟考试后,郁青田都会对试卷进行分析讲解,学生们在恍然大悟的同时对物理知识又有了更深的认识。

为了备战高考,孙承纬花了很多精力。1957年夏天,天气异常闷热，家里人都在外纳凉聊天，孙承纬丝毫不受影响，关上门自己很认真地复习。那时候妈妈给了大家一些糖，弟弟们的糖都吃完了，他的糖还放在桌子上没动。弟弟孙承统问他为什么不吃呀？孙承纬说一定要考上大学才吃，考不上他不会吃。说到做到，直到考完大学，孙承纬才如愿以偿地把糖拿出来吃，让那甜甜的味道直沁心田。

孙承纬在高考前做了充分的复习，等到距离考试前还有两三天的时间，孙承纬反而不复习了，每天晚上早早就上床睡觉了，这下不免让弟弟们感到奇怪：快高考了难道心里不是应该很紧张吗？为什么反而不复习了呢？知道了弟弟们的疑虑，孙承纬告诉他们，自己已经准备好了，考试前放松休息好，上了考场精力充沛，答题时也就顺利了。

1957年6月19日，高考前夕，一起共同学习了六年的同学们即将分离，朱贻瑁请孙承纬给自己提提意见，同时也表达了自己的理想是将来从事地质工作，孙承纬写了一封信回复朱贻瑁，信中写道："青年人都有美好的理想，推动世界进步，但是困难是不少的，我希望你能下定决心，为地质干一辈子，唯有这样，祖国才能在百十年内跃进先进国家行列。"从孙承纬对朱贻瑁的寄语中也可以看出,孙承纬从那时起就下定决心,为科技报国的理想奋斗终生。同时,他坚信少年强则中国强,只要青年人不懈努力,祖国就会越来越强大。

1957年是中华人民共和国成立后高考最难的一年,因为招生名额大大缩减了,全国只招收77000名学生,录取比例为42%,虹口中学录取率为70%,位居上海市当年高考录取率第二名。作为虹口中学的尖子生,孙承纬如愿考上了北京大学数学力学系的力学专业。

即将告别精心培育自己6年的母校,孙承纬和同学们对老师们心存感恩之情,孙承纬和吴廷瑜来到郁青田的家里,得知两位学生的物理都得了高分,郁青田非常开心,同时语重心长地对他们说:"你们中学的时候打了很好的基础,到了大学你们还要继续努力,因为课程知识内容更深了,你们要很好地、扎扎实实学好知识,这样才能展翅高飞,报效祖国。"

1957年8月,18岁的孙承纬带着母校老师的嘱托即将奔赴北京求学,临行前夕,收到了来自北京大学(简称北大)的欢迎信:

亲爱的孙承纬同志:

热诚地祝贺你考取了北京大学,衷心地欢迎你加入

我们的战斗行列！让我们为北京大学这一拥有一万多名师生员工融乐的大家庭迎来了新的弟妹而高兴，让我们为祖国增加了又一批未来的红色科学工作者和光荣的人民教师而欢呼吧！

当你报考北京大学的时候，首先你一定想到，北京大学在中国的历史上已走过了59年的光荣路程，北京大学和五四运动与李大钊、毛泽东等伟大的名字有着血肉的联系。你的亲友和同志们更多地了解北京大学的人，也许还向你描绘过北京大学未名湖的湖光塔影，垂柳依依，向你介绍过北京大学图书馆的藏书180万册，居全国第二位。但是，我们也要告诉你，北京大学紧张的学习和某些物质条件的缺乏有待你本着新中国主人翁的精神去克服困难。我们更要请你牢牢记住！你是在我们祖国第一个五年计划即将胜利完成、第二个五年计划即将开始的时刻，是在我国政治上、思想上的社会主义革命高潮中进入北京大学的。……让我们在这社会主义革命的熔炉里更好地锻炼自己，胜利地通过社会主义关吧！

这封热情洋溢的欢迎信让孙承纬热血沸腾，他把信按在自己的胸口，让那种汹涌澎湃的情感穿过全身，忍不住高喊："北大，我来了！向科学进军！！"

特殊环境下的"白专学生"

1957年9月，18岁的孙承纬满怀着对大学生活的向往来到了北大，被分配在北大数学力学系57级力学（1）班。全年级分为力学、数学各3个班，计算数学1个班，共约300名学生。报到后不久，他就去了未名湖畔游览，并拍照留念。彼时的孙承纬风华正茂，心怀科技报国的理想。

自1952年，全国高等院校进行了院系调整，北京大学、清华大学、燕京大学的数学系合并，成为当时数学力量最强的队伍，同时增加了力学专业，成立数学力学系。中国第一个力学专业——北京大学数学力学系力学专业创立，并迅速汇聚了一批力学界的精英，奠定了北京大学力学学科的基础。周培源、钱敏、吴林襄、叶开沅、陈耀松等先后从当时的北京大学、清华大学、燕京大学等高等院校来到北京大学力学专业主持工作，开设与承担力学专业的基础课程。庄逢甘、陆士嘉、钱伟长、郑哲敏、胡海昌、林鸿荪等也先后来力学专业授课或兼职。

孙承纬在北大数学力学系上学期间，名师云集。当时北大数学力学系的课程设置主要是借鉴莫斯科大学力学数学系，教材也是从俄文翻译过来的，而且俄语作为第一外语。课程主要分为三类：数学、力学和物理。北大历来非常重视基础课程教育,当时最好的教员都在教学第一线,越是名气大的、越是系里负责的教授,越要教低年级的基础课。基础课非常重要,扎实的数理基础,培养了学生严谨缜密的逻辑思维能力,对学生的一生都有很大的影响。

孙承纬上学时的教材和教学方法都是参考莫斯科大学,数学分析和理论力学课都上了两年多,基础非常牢靠。老师们虽然教学风格各异,对学生的认真负责却是如出一辙。

吴林襄老师的"纸片上的教案"是其中最特别的。吴林襄爱抽烟,上课前几分钟,他只需看一下香烟壳背面的几行提纲,就能轻松自如不紧不慢地讲两个小时,再难的公式推导也随手写出来。他讲的"理论力学"深入浅出,非常流畅。学生们往往感觉到,课程听着很简单,但仔细一看,所有内容都在里面,很多难点都被分解了。特别是吴林襄所举的"小虫爬环"等例子,让学生们感觉生动鲜活,回味无穷。学生们总称赞理论力学的内容全部装在这位有着丰富教学经验的燕大教师的心中,他是力学系多年来教学口碑最好的老师之一,无论是深度和难度各方面都无可挑剔。

孙承纬最喜欢的课程是"理论力学"。钱敏教授不仅对学生要求很严格，他独树一帜的理论力学考试更是让孙承纬牢记不忘。他的考试有一个传统，从上午八点一直考到晚饭后，中午可以自行外出用餐或休息，也可以开卷参考，考试时长没有低于12个小时的。虽然题目不是很多，就五六道题，但是试题的设置非常"高端"，如果是自己不会做的题，看书也没用，就自然无所谓作弊不作弊。越是这样，孙承纬就越是感受到挑战性，学习的兴趣也就越浓。

同样教"理论力学"课的朱照宣老师讲课条理非常清晰，板书也非常漂亮，让孙承纬印象深刻的是朱照宣对他的一次批评。有一回，因作业写得比较潦草，朱照宣把孙承纬叫到自己的宿舍，指着作业本语重心长地说："作业怎么能这样潦草，这样怎么学得会呢？"随后，朱照宣拿出自己的笔记本给孙承纬看，整洁的字迹漂亮、端正，书写非常认真，孙承纬感到很惭愧心中暗想："一定要改正错误。"朱照宣还给孙承纬讲了做事情如何安排有序、条理分明，孙承纬始终牢记老师的教诲，即便再忙，他的手稿总是字迹清晰、清清楚楚。在朱照宣的房间里，孙承纬还看到了他正在研究的常微方程稳定性理论的讲义和参考文献，就向他请教。朱照宣给孙承纬讲了如何做研究，讲得非常细致认真。孙承纬听后大有感触，多年以后回忆起这段经历，还能深深感受到朱照宣严谨治学的风范。

在孙承纬记忆中，讲课趣味横生的老师很多，叶开沅讲授"材料力学"带有戏剧性，活泼生动，他讲授圆杆扭转时，先做了个扭腰的动作，让大家忍俊不禁，印象深刻。黄敦老师讲授流体力学也很风趣，联想比喻很多，经常把讲课内容的要点句子总结为几句诗，帮助大家记忆掌握。孙承纬清楚记得，有一次整节课黄敦就是在解说他写的四句"打油诗"，诗的最后一句是"绕过暗礁庆叠加"，说明一个非线性问题可以设法"绕过暗礁"转化为线性问题，这样就可以利用叠加原理了。这些事情让孙承纬难以忘怀，他也一直努力将这种作风传承下去。

北大不仅注重基础课程教育，同时还倡导培养学生学术思想自由。北大教授董铁宝和孙承纬之间曾经发生过这样一则小故事。董铁宝1945年赴美获博士学位，后参与第一代电子计算机ENIAC的设计编程，1956年放弃一切，绕道欧洲花费三个月辗转回国，任教北大，得到了周恩来总理的亲自接见。钱学森称其为"中国某些问题的先行者"。

当时，董铁宝任"固体力学若干问题"课程的授课老师，讲课方法新颖，深受学生的喜爱。一次课堂上，孙承纬认为董铁宝讲的一个数学问题有待商榷，课后他向董铁宝提了出来。董铁宝并没有生气，也不认为学生挑战了老师的权威，而是在经过和孙承纬的一番讨论后，认可了他的说法。可以说，孙承纬工作后所表现出来的对问题敢于直言不讳的性格在这时就已经培养起来了。他对待问题的态度是，一般不愿意随便去接受别人的结论，要真正把它看懂，结果要自己一步一步推导出来，要自己真正把它搞懂了。

正是得益于北大名师们的教导，孙承纬培养起了独立思考的品质，打下了坚实的学科基础，工作后才能很快地独当一面，并取得攻关突破。

在北大的六年学习生活，除上课外，更多的是各种各样的政治运动和下乡下厂改造思想的劳动锻炼，占去了大约一半的时间，对孙承纬和同学们的学习造成了一定的影响，但是也提供了一些理论联系实际的机会，可以说这是一段有着时代烙印的特殊大学经历。

孙承纬进入大学的第一学期，开设的课程主要有数学分析和解析几何、俄文、机械原理，当时还能保证正常上课。一周内学生们要参加两到三次的反右批判会，不需要过多地参与。

当时"数学分析"课程教材采用莫斯科大学辛钦编著《数学分析简明教程》。这本薄薄的教材，内容提纲挈领，不仅艰深而且很跳跃，很不好看懂。想"啃"下这本书，孙承纬就主动找辅导书来看，经典的书籍有菲赫金戈尔兹的《微积分学教程》，上面不仅例题很多，而且讲解细致，课后还有很多难度很大的练习题；到了一年级下学期，孙承纬买了吉米多维奇的《数学分析习题集》，厚厚的一本，1400多道习题。这两套书孙承纬都利用大一、大二的课余时间认认真真地做完了，通过多学多练，题做多了，自然就会了。数学基础课为孙承纬和同学们打下了坚实的基础，培养起了数学分析的思维方式，对其后续专业课程的学习大有益处。

1957年11月，学校公布了《关于学生参加体力劳动的暂行规定（草案）》，这预示着学生们去农村和工厂参加生产劳动活动即将开始，课堂学时将被大大压缩。1958年2月，"反浪费反保守"运动（以下简称"双反运动"）开始了，全国高等院校和科研机构将"双反运动"的矛头指向了知识分子的"资产阶级思想"，由此形成了所谓的"争取红透专深"的运动。3月底，数学力学系开展了"红专辩论"。

"红专辩论"开始后，学校号召共产党员和共青团员勇敢地暴露自己的思想，勇敢地进行辩论，孙承纬所在班级也要人人写思想汇报，挖错误思想根子。孙承纬当时的想法是："我好好念书，以后好好工作不也是红嘛。"可是，随着"双反运动"的深入，外文书不能看了，业余时间自己钻研学习也不行了，就连去图书馆也要偷偷地去，整个教学的秩序开始变得很不正常。

1958年5月17日，北大召开了全校万余师生员工继续思想革命、深入教学改革誓师大会。教育革命开始后，认为资产阶级的教育体系完全不对，开始批判牛顿、爱因斯坦等，随着"红专辩论"的升级，课也不上了，组织学生勤工俭学，孙承纬和同学们被分到数学力学系的一个为教学科研服务的木工车间当学徒。这个车间是为低速大型风洞加工、制作吹风试验用的飞机模型。

因为孙承纬自小就对手工制作有很大的兴趣，到了木工车间后，通过给老师傅打下手，聆听老师傅认真传授的方法。磨一把木刨刀常常需要两三个小时，费时费劲，但孙承纬感觉摸到了木工的门道，学会了很多基本操作手艺，他还琢磨着设计了一个"土"牛头刨，虽然最后没有成功，但他觉得很有意思。

1958年6月，北大各个系陆续开始筹建自办工厂。

由于在木工车间劳动时表现突出,孙承纬所在的班级委派他做筹备建厂工作。接到任务后,孙承纬经过考虑,认为建工厂首先要机床化,准备自己制造车床、刨床,于是便设计并绘制了一张刨床的图纸。孙承纬带着几个同学开始准备材料,加工造刨床所需要的零件。但那几个同学对造刨床并没有多大的兴趣,一个月之后就感到厌烦透了,不想再继续做下去。有人说孙承纬的主意"只专不红",是只关注"技术挂帅"的"白专",办工厂首先要思想红,而不是具体做一个机床,其他人也跟着附和,纷纷离开。办工厂的计划就这样流产了。

到了1958年暑假,学校提出要过一个革命化的暑假,没有放假。孙承纬和同学们在学校等着去农村参加"大跃进"劳动的通知。虽然课程停了,孙承纬心里总是念念不忘有很多课程要上、很多教科书要好好读,心里时时刻刻想着青春时光不能虚度。孙承纬依然延续着自己的老习惯,有空就做做苏联数学辅导书上的数学题,他经常对自己说,"题要自己做。做题好比打猎,要自己打,不要学清朝皇帝,在西苑南苑养了鹿,由太监把鹿或猎物赶到自己跟前,再去射"。这番话是北大力学系组建者周培源所说,目的就是要培养学生独立钻研的学习精神,也成了孙承纬时常自我激励的"金句"。

北大藏书丰富的各类图书馆以及北京市里各大书店依然是孙承纬流连忘返的地方，虽然那一时期去图书馆、看书学习都会被指责为走"白专"道路，但是从小就养成的读书习惯使孙承纬依然不自觉会去找书看。在北大阅览室的开架外文杂志区，孙承纬非常喜欢一本苏联杂志《无线电爱好者》，1958年某期刊登的一篇介绍电动自动乌龟的文章引起了他的浓厚兴趣，文章中介绍的电动乌龟依靠光电控制，会自动前进和倒退，采用了晶体管电路，这些在当时都是很先进的技术。孙承纬感觉很有意思决心将这篇文章翻译出来，顺便也练练俄文翻译能力。因为杂志不能借阅回来，孙承纬每天一大早便来到阅览室，在信纸上一面抄写一面翻译，还将电动龟的模型线路图画到透明纸上，遇到不懂的词语就查字典。一个月后，他不仅完成了译文，还学了很多俄语无线电技术词汇。

1958—1960年的三个学年里，每年都安排了9～12周的生产劳动，孙承纬和同学们去过十三陵水库建水库劳动、京郊的人民公社劳动夏收抢收和抢种秋播等，和农民一起同吃同住同劳动。

学时减少了，劳动变多了，孙承纬却抓住一切可以利用的时间偷偷地学习。大学二年级开始学习第二外语，学校指定必须是英语，没想到刚上了一节英语课，第二天学校就宣布下乡劳动，两个月之后再回来，不知何因英语课就没有再上了。从二年级开始，很多参考书都是英文版，例如积分学教程、理论力学教材。孙承纬只能依靠初中学过的英语基础，一本从俄文翻译的中学英语语法手册以及一本英汉词典边看边学，坚持阅读英文读物。这样学习有很大难度，毕竟距离初中学英语已经过去三四年了，而且那时中学的英语课是不教语法的。孙承纬想着一定要把英语补起来。转眼就到了1959年7月大二的暑假，依然是不放假，要去京郊公社或工厂生产劳动。孙承纬找来一本薄冰编写的《简明英语手册》深入系统地学习语法，同时还有一本大哥孙承绪给的英文版小说《一千零一夜》，孙承纬将这两本书随身带着，利用劳动时中午休息时间和晚上的时间如饥似渴地学习。一个暑假过后，两本书都看完了，打下了英文阅读的基础，孙承纬也感到自己的英文有了很大进步，再看英文参考书已经比较轻松了。

1960年9月，孙承纬升入四年级，结束了基础课的学习，进入了"专门化"课程学习阶段。孙承纬对理论力学很感兴趣，同时一直在自学控制论，因而分专业时自愿报名到"一般力学"专门化班，但是等到名单下来，却被分配到了"固体力学"专门化班，固体力学教研室是在力学专业创立之初就成立的，由王仁担任主任。未能如愿分到心仪的专业，孙承纬难免有些想不通，但是转念又想："外面有的是书，想要学什么自己可以学啊，又不牵扯到实验，都是数学问题嘛。"同时，孙承纬觉得，到考研究生的时候还可以再选择，因而专业分配带来的不愉快很快就过去了。

1960年9月，为进一步贯彻党的教育方针，加速知识分子劳动化，北大将长辛店机车车辆厂作为师生下放锻炼的固定基地。9月10日，孙承纬所在的57级数学力学系师生来到了那里，孙承纬被分到翻砂车间，主要任务是将不合格的铸件砸碎之后重新放进化铁炉中冶炼。

每天一大早，喝一碗稀粥之后，学生们就来到车间劳动。孙承纬要使出全身力气去抡起大铁锤砸碎铸铁件，不知道是方法不得当还是胳膊没劲，经常是无论怎样用力就是砸不碎，善良的工人师傅看着这些没有锻炼过的年轻学生娃娃也是心疼："干这个活都是每个月要吃60斤粮食的，你们吃这么一点点，怎么干得了呢？"当时正值三年困难时期之始，学生每月的定量从36斤减到了27斤。工人师傅们的定量也从原来的60斤减到了

50斤，但是工人师傅们干劲依然很大，同时也非常照顾这些年轻的学生们。面对如此情景，孙承纬心里不免检讨自己："工人师傅觉悟多高，一下减了10多斤，干劲还翻番。我们学生减那么几斤就觉得肚子饿得不得了。"特别是带孙承纬干活的任师傅，他告诉孙承纬："要想变，就得干！"这句话给孙承纬留下了深刻印象，回到学校后，他在日记中回忆任师傅的教导时这样写道："工人之中出真理，实践是工人世界观的核心。主席的话说得最深刻'钟不敲不响，桌子不搬不走'，工人的思维活动简单但深刻，反映了知行统一观，这一点是我要终生去理解、去追求的。"他还在1963年的毕业生鉴定表中写下："我出生于非劳动人民家庭，'万般皆下品，唯有读书高'的想法比较重，经过各次劳动特别是长辛店工厂的劳动，这种想法有了很大转变，感情上和劳动人民靠近了一大步。"

一天活干下来，学生们每顿只能喝点稀粥吃点窝头之类，晚上回到宿舍已经非常劳累，根本没有精力再看书了。进入冬天后，天气越来越寒冷，学生们睡的是大通铺，一层木板上只是垫了薄薄的一层麦草，日子过得饥寒交迫的，很多人开始生病。学校得知了这种情况，立即决定马上让师生们返回学校，检查身体补充营养。

孙承纬和同学们回到学校后被安排住到集体病房，经过医生检查后发现学生们都浮肿了，面对这种情况，学校发了营养票，每天可以喝一碗营养汤来补养身体，其实汤里面也只是漂着几只小虾皮而已。

经过休整，学生们的身体渐渐恢复，但是粮食蔬菜依然很紧张，白薯、玉米窝头、树叶子窝头都是日常的主食，食堂也曾经出过"水煮树叶"之类的菜品。直到1961年春天，终于有菠菜长出来了，学生们才能勉强吃到一点蔬菜。

生活虽然艰苦，但是休整期间有了大量的时间可以看书和学习，孙承纬非常珍惜这失而复得的学习机会。1960年12月12日，是孙承纬21岁的生日，他在日记中写道："今天是生日，生命开始日的纪念，猛醒，猛醒，别虚度年华。打起战鼓来，追求科学真理的殿堂，驰而不息。"

在这篇日记里，孙承纬还提到几天前买的两本书，其中有一本是法国数学家、力学家阿佩尔于1893年出版的5卷巨著《理论力学》的俄文版第一卷，这是一套非常经典的理论力学教材。孙承纬写道："愿它象征以后的方向，猛进，猛进！"

1961年春天，北大终于恢复了正常上课，虽然当时依然处于困难时期,大家还是吃不饱,但是学生们高兴啊,孙承纬感慨地说:"上课我们很欢迎啊,我们那么多年就只劳动了,不上课,你说这个多难受!"

至此,北大的教学秩序逐渐恢复正常,政治运动减少了,北大浓厚的学习钻研的风气便渐渐开始恢复。在宝贵的正常学习时间中,虽然不少课程计划被删减,教学秩序和纪律松散,但出于对知识的渴求,这样的境遇反而迫使孙承纬和许多同学养成爱惜时间、自学自励、独立思考的习惯,他们抓住短暂机会,尽量多学几门外语,多选修几门专业课以外的课程,为将来参加工作打下坚实基础,这也是那个时期的北大学生最鲜明的"特色"。

"优等"毕业论文

从 1961 年开始，孙承纬在北大的后三年的学习生活已逐渐恢复了正常，面对失而复得的学习机会，他异常珍惜，常常念叨："正常上课时间就是三年多嘛，我没浪费多少时间，就说很多不该我上的课我也去上了，都要感谢北大的自由。"

孙承纬所说的北大的自由是指北大自由的学风，学生不仅可以自由听课同时也可以自由讨论、思辨。学生要上必修课和选修课，同时如果对哪门课感兴趣，可以直接去听课，老师并不会管谁该来或者谁没来。当年孙承纬对能有机会学到更多知识感到极为喜悦，还把旁听课程的小窍门告诉同在北大上学的二姐孙承平："你想听什么课，都可以去听的。"

孙承纬所在的"固体力学专门化"专业课程不仅限于固体力学专业相关的课程，流体力学、固体力学、弹性力学都上了两年，结构力学、塑性力学、气体动力学均上了一年，这也给孙承纬打下了坚实广泛的连续介质力学专业基础。

特别值得一提的是气体动力学课程，当时授课的老师是莫斯科大学留学归来的苏林祥，1963 年孙承纬大学毕业后分配到了青海核武器研究基地（即 221 基地），两年后再次遇见刚刚调来此地的苏林祥，昔日的师生成了同事，共同投入中国核武器研制工作中。气体动力学课程采用的教材是苏联列宁格勒大学到北大来任教的流体力学专家别洛娃专门写的《气体动力学讲义》，孙承纬刚参加工作从事的爆轰实验的基础就是气体动力学，他就是依靠重温这本书迅速进入了工作状态。

除了自己的专门化课外，孙承纬特意找来物理系的课程表，挑选和自己的课程不冲突的课去听，基本上物理系的基础课都旁听了，包括电动力学、量子力学、分析力学等，还选修了很多数学专业的课程。

孙承纬听课多，同时还擅长做笔记，至今还保存了二十多本大学时期的学习笔记，清晰而认真的字迹真实地记录了当年孙承纬的所学所思所想，其中就包含丁石孙的"近世代数"、王仁的"塑性力学"、陈滨的"分析力学"课程的笔记。这一时期，孙承纬关于如何做好读书笔记进行了有针对性的学习，有别于高中时的学习笔记仅仅是抄录书上的精华内容，他开始思考读书时怎样才能做到真正地学懂。

孙承纬主动从名人身上、书中去寻找答案，他专门将马克思和列宁的学习方法摘录在日记中，在一本名为《大学生的独立工作》的书中，他看到了关于读书方法的介绍，看到了列宁曾说的"把自己不了解或不明白的地方记下来，反复研究，将来在看书、听讲和谈话中继续把它们弄清楚。"他也看到书上写着，马克思经常翻阅自己的笔记，并说过"如果不是为了修改它，就一定是为了掌握材料"。

看到这些，孙承纬在日记中有感而发："可见笔记应是思维的中途站，而不是抄书记录。否则书又有什么用？图书馆又有什么用？"

经过这些学习，孙承纬认为，读书的过程应该是学习和独创相结合，过去的文献中虽有不少精华，但也有错误的观念，发扬独创精神就是不做这些错误观点的俘虏。孙承纬在日记中写道，"摸索学习和独创的规律是当务之急"。他总结自己的认识——读书应该先粗看，摸清问题的实质；然后提出自己的见解丰富发展；最后在吸收前人的经验基础上获得提高。

孙承纬还特别喜欢学习科学家们的学习做事方法，钱学森、华罗庚、苏步青是他非常敬仰的科学家或数学家：钱学森的关于基础和专业的辩证关系，先基础后专业，有专业需要进一步扩大基础，学校里打第一个回合，工作需要再打第二、第三个……；华罗庚的如何将书从"薄读到厚"，再从"厚读到薄"，特别强调由"厚到薄"就是培养独立思考能力的过程；苏步青的四个"基本"，即基本理论、基本知识、基本技能、基本操作,结合教师指导,独立啃完一本书,在学习上"依靠自己是最可靠的力量"。这些方法都被孙承纬"移花接木"到了自己的学习之中,并成为终生一以贯之的学习和工作习惯。

为了提高读书效率,孙承纬学习了目录学的知识,掌握了如何查文献、找资料、做读书卡片、记读书笔记以及写读书报告。这些知识和方法有效地帮助了孙承纬的学习进入了高效的轨道。孙承纬听课认真,课后做题也多,知识掌握得牢固,每次考试前,拿出一天半天的时间将之前学过的知识点捋一捋,按着课程的逻辑大概想一想,想通了复习就完成了,没想通就翻书再看一看,等到考试成绩出来大多是优等。

成绩的优越也让孙承纬有更多的时间去看课外的书籍。他主动找了很多教辅书籍,像理论物理学的英文名著《刚体动力学》、德国物理学家索莫菲的经典名著英文版《理论物理学》等,以及控制论、无线电等方面的书籍,特别是控制论。自从高中因钱学森的工程控制论获奖引发了兴趣之后,孙承纬一直在自学相关书籍,大学之后,因知识体系的拓宽,对控制论也有了更进一步的认识,当时购买的由控制论的创始人维纳著的《控制论》一书也一直保存至今。

这得益于北大图书馆丰富的藏书，酷爱读书的孙承纬通过博览群书，为自己构建了丰富多元而扎实的知识体系。

1961年9月，孙承纬升入五年级，课程中开始有了讨论班。讨论班课程是北大的传统，一周上两次课，主要是对新学科、新思想及新方向进行研讨。由讨论班的老师牵头提出一个研究方向，学生们围绕这个方向查资料做调研，然后在老师的引领下在上课时开展讨论，主要目的是启发思考，确定研究方向，但是讨论班不一定产生成果。可以说，讨论班对北大浓厚的学术氛围起到了良好的促进作用。孙承纬和同学们在三年级时，就会跑到高年级的讨论班去旁听，这对他们开阔眼界和扩展知识面起到了有益的促进作用。

固体力学专业下有结构力学、塑性力学和机械振动三个方向的讨论班，孙承纬根据自己的兴趣，选择了机械振动讨论班，班里加上他一共六七个人，讨论班老师是王大钧。

王大钧给孙承纬所在的振动讨论班选择的研究方向是"空气弹性振动"，这在当时是机械振动中最尖端的问题，是非常复杂前沿的一个方向。当时美国的华人科学家冯元祯，在没有数值模拟计算工具的情况下，第一个提出了空气弹性的公式。他的第一部专著《空气弹性动力学》是气动-弹性力学领域的经典著作。王大钧给学生们推荐了这本书，但是同学们学起来感觉非常艰难。书中研究飞机机翼的颤振，其主要原理是机翼的振动引起表面的空气跟着振动，并形成正反馈导致机翼更剧烈的振动。这是一个流固耦合的非线性问题，理论极为复杂。其中用到的"张量分析"是孙承纬和同学们没有学过的课程，很多数学工具都不掌握，同时没有计算机数值模拟手段，更谈不上进行实验。空气弹性振动研究做了一个学期不到，学生们实在做不下去了。于是，王大钧另辟蹊径，将讨论班的研究方向改为梁振动。

王大钧指定了俄文参考书，同时也布置了十五六篇参考文献。这些文献不仅有俄文也有英文的，王大钧让学生自己看文献，然后进行讨论。孙承纬认认真真地把这些资料都看了一遍，同时自己又找到一本俄文书《连续梁的振动问题》。关于连续梁，孙承纬打了一个比方："一个火车桥有好多桥墩，一段一段的，这个就叫连续梁。每个桥墩之间的振动是互相干扰的。"这本书系统地把连续梁的公式都推导了出来，孙承纬仔细研读之后，发现梁振动可以排成很"好看"的方程组，用解析解计算也相对比较容易，这引起了他浓厚的兴趣。当时讨论班并没有强制要求一定要完成一篇学年论文，很多同学只是了解了新的技术方向，大家在一起讨论一下，就算完成了学习任务。但孙承纬花了很多时间精力，在这本俄文书的基础上，结合之前看的十几篇文献，在1962年5月完成了读书报告《连续梁的自由振动》。

通过撰写报告，孙承纬发现了一些更深入的问题，从一个简单的梁到形状变化的梁，比如三角形或者梯形，他发现各种奇形怪状的梁的固有振动都是可以有解的，他最为感兴趣的便是铁木辛柯梁（Timoshenko，简称T梁）。

1962年5月，孙承纬所在的固体力学专门化班按照课程的安排来到中国水利水电科学院进行生产实习，为期6周。在水利水电科学院实习期间，孙承纬和同学们参加了重力坝实际问题的计算。正是在此期间，触动了孙承纬的灵感，他发现重力坝的截面可以看成三角形非正规截面，可以看成铁木辛柯梁，同时再考虑水弹性问题，研究重力坝的固有振动是一个很有现实意义的研究方向，因而毕业论文的题目"三角形截面重力坝的固有振动"应运而生。

孙承纬写了一两页纸的提纲，找到了导师王大钧，王大钧看过之后很快就答复："你可以自己选题目，不一定要老师指定题目，你有把握就加油干吧！"

在这之后，孙承纬全身心投入毕业论文的研究中，计算重力坝固有振动频率是重力坝的抗震设计中非常重要的一环，因为重力坝的固有频率一旦和地震波的频率一致，就会因同频共振发生大事故。同时，在水库满库条件下重力坝的振动还要考虑水弹性问题，同理，重力坝水库中水波的振动频率与重力坝的固有振动频率也不能一致。

在重力坝的抗震设计中，空库和满库时重力坝的固有频率是重要的数据。前人在这方面的工作都是基于把坝当作刚性地基上的欧拉－伯努利梁（Euler-Bernoulli，简称E-B梁）的假定，孙承纬从实际坝体尺寸出发，因为坝高并不比坝底宽度大很多，认为有必要考虑剪切和旋转惯性因素，即采用铁木辛柯梁模型，这就是孙承纬论文工作的出发点。铁木辛柯梁和欧拉梁都是当代应用较多的梁理论模型，简单地说，铁木辛柯梁是考虑剪切的梁，欧拉梁就是材料力学里讲的忽略剪切作用的梁。孙承纬在这篇论文中两种梁的理论都应用了。

当时因为信息不畅通，能得到的参考文献非常有限。针对等截面铁木辛柯梁固有振动，孙承纬找到了一些英文文献，但是变截面铁木辛柯梁的工作甚为稀少，基本没有什么资料可供参考，这时他独立思考的能力就充分发挥了作用。他采用函数级数方法得到了重力坝空库时正三角坝的固有振动振型和频率的近似解析解，同时用变分原理推导了重力坝满库时正三角坝固有频率的数值解，主要特点在于处理"库水—坝体"的水弹性系统时，考虑了动水压力的公式，从而这个水弹性系统固有振动问题就化为坝体在特殊外力作用下的"强迫"振动问题。

孙承纬的论文结构完整，不仅用了解析方法同时还用了变分方法解决问题，创新点在于用解析法解出了一次近似解。在用变分原理推导数值解时，因为有大量的计算，孙承纬用大姐孙承永从苏联带回来一把计算尺花了两个月的时间完成了计算。

论文答辩时，学校请了中国科技大学弹性力学的专家、水利水电科学院的专家以及北大数学力学系的老师组成了答辩委员会，朱兆祥任答辩委员会主席。孙承纬很顺利地完成了答辩，对评委提出的问题对答如流，他的表现得到了在场评委的赞赏。因论文选题结合实际，采用的理论和结论都有实际意义，同时结合孙承纬平时的成绩，答辩委员会给孙承纬的毕业论文打出了"优等"的好成绩，当年，固体力学专门化班仅有五个人的毕业论文获得"优等"。

在当时，孙承纬所在的固体力学专门化班也只有他一个人是自己拟定毕业论文题目。论文的撰写过程为孙承纬培养了科研工作的模式和方法，是他进行科研工作的第一次实践，他深深感到："学会怎么做题目，怎么调研，对自己有很大的帮助。"

王大钧对孙承纬的毕业论文非常满意，他对孙承纬说："你的理论很有意思，但是最好能够做实验验证。在这种非正规三角形截面上得到一些解析解，假如能跟实验对得起来的话，继续往下做就很有意义。"孙承纬也非常赞同王大钧的建议，同时也很有兴趣做实验验证自己的理论。遗憾的是，搭一个三角坝需要电焊，当时学校并没有这个条件，同时孙承纬面临毕业分配即将离校，因而和王大钧约定，有机会重回学校完成实验。但孙承纬工作后从事了爆轰物理研究，没在机械振动方向继续做下去。

1963年7月21日晚8时，孙承纬作为应届大学毕业生和同学们一起来到了人民大会堂，参加了北京市高等院校毕业生报告会，见到了仰慕已久的周恩来总理，聆听周总理的报告。

在这次报告会上，周总理从六个方面概括了应该学习和掌握的内容，一是掌握学习工具；二是学好哲学；三是学习社会科学；四是学习生产知识；五是加强科学研究；六是学点革命文艺。特别是在加强科学研究方面，周总理向在场的青年学生提出了努力"突破科学技术尖端，赶上世界先进水平"的期望。周总理告诉大学生们："考虑问题都应该用五千年历史的角度和眼光。"

听了周总理的讲话，孙承纬感慨万千："总理很了不起啊！总理的意思是我国五千年历史上比这严重得多的风浪也过来了，这个困难时期我们也过得去，年轻人要有历史观念。"可以说，周恩来总理对孙承纬影响至深，从17岁时响应周总理提出"向科学进军"的号召立下科技报国的志愿，到24岁大学毕业时再次聆听到周总理的"赶上世界先进水平"的殷切期望，孙承纬更加坚定了自己科技报国的初心，正如他在1960年12月19日的日记中摘抄的句子那样，"人们已经几千次地证明了，'他要成为怎样的人，就能成为怎样的人'"。此时的孙承纬内心坚定，胸怀一腔报国之志，即将奔赴工作岗位，并在其中施展他的抱负和才华。

1963年6月，孙承纬和朝夕相处了六年的老师及同学们拍摄了毕业照。六年的时光里，北大爱国、民主、科学的优秀传统，思想活跃、严谨求实的深厚学风，陶冶着孙承纬和同学们，使得日后他们在工作中都能有所建树，成为物理、力学领域的知名学者。

"我们到底是干什么的?"

1963年6月,孙承纬站在人生的十字路口,即将从北大毕业的他,正面临着一个重要的选择。他的毕业论文《重力坝的固有振动》获得了答辩组老师的一致好评,甚至拿到了罕见的满分五分。学校教研室极力推荐他报考南京工学院机械振动专业的研究生,而他自己则更倾向于数学,因此报考了北京师范大学的理论力学研究生,并顺利通过了初试。接下来的日子,孙承纬一直安心地等待北京师范大学的复试通知,可是令他意外的是,直到其他被录取的同学都陆续得到通知了,他的复试通知还杳无音信。

这时候,有同学跟他说:"上海嘉定新成立了一个力学所,叫'华东力学所',需要大量大学毕业生,已经过去的师兄拉了一张名单,其中也有你的名字,你应该已经被他们录取了,就等着吧。"然而,事情并没有他想象得那么顺利,在华东力学所来学校要人的时候,名单上其他的十几个学生被顺利分配,偏偏孙承纬被卡了下来,说是已经另有安排,到底是怎样的安排却没人知道。他感到一阵茫然,仿佛被命运推到了一个未知的方向。

7月底的一天,数学力学系突然通知开会,宣布毕业分配情况。孙承纬的名字出现在二机部北京地区的名单中。他心中疑惑:"我并没有填报这个志愿,怎么会被分配到二机部?"尽管如此,他还是决定接受这个安排,毕竟工作地点在北京,也不算太差。然而,当他去领取派遣证时,却被告知派遣证被二机部收回,需要重新开具。一周后,他再次领取派遣证,打开一看,报到地址竟然变成了青海省西宁市西关大街甲18号。

孙承纬愣住了,青海?那个遥远而陌生的地方?他急忙找到负责分配的老师询问,得到的答复却是:"这是二机部的调换,具体原因我们也不清楚。"两三个星期后,学校再次确认:"没有错,你就是去这个地方报到。"孙承纬心中充满了困惑和不安。他原本计划考研或回上海工作,甚至留在北京,但如今却被分配到一个完全陌生的地方,甚至连单位的具体情况都不清楚。他有点苦恼,该不该服从这样莫名其妙的分配呢?

正当他犹豫不决时,他的论文指导老师王大钧看出了他的心事。王大钧语重心长地对他说:"我了解了一下,分配你去的地方有很多有名的学者和科学家,这肯定是国家非常重要的工作。你放心去吧,这绝对是一个机会,不要放弃。"这番话让孙承纬心中一震。他模模糊糊地意识到,自己即将参与的,或许不是一般的工作。于是,他下定决心,服从国家的安排,立即买了火车票，托运了简单的行李，奔赴青海。

火车到达西宁站已是半夜时分。一出站，孙承纬就看到接站的人群中有人高举一个牌子，上面写着"西关大街国营综合机械厂"，地址与他派遣证上写的差不多。他上前拿出了报到介绍信，小心翼翼地问："是我要去的单位吗？"那人看了介绍信后也不多言，头往旁边一摆，说了一句"上车吧"。孙承纬就手脚并用，爬上了停靠在一旁的解放牌大卡车。卡车很快就启动了，困乏至极的孙承纬往车厢上一靠，就迷迷糊糊地睡着了。没一会儿，卡车停靠在了西宁大厦，下车经过简单休息之后，第二天天一亮，司机说要换个地方，他又再次上车，先到火车站取了托运的行李后，就被送到位于西宁城区西边的西宁饭店，他在西宁饭店看到了很多前来报到的大学生。领取了高原防寒"四大件"——毛毡床垫、棉大衣、棉帽子、大头鞋，之后他们被告知待在西宁饭店集训，等待厂里政审，有通知了就"去厂里"。这期间，每天都有人到火车站搭乘去海晏的火车"去厂里"，也有新报到人员住进来。孙承纬跟着同样等候进厂的年轻人逛街，好奇地寻找西关大街甲18号到底在什么地方，找来找去找不到，就互相探听关于"厂里"的传闻。虽然大家都是一头雾水，但彼此了解之后都是"高才生"，就没由来地相信他们一定是去做大事的。

十多天后,孙承纬得到正式进厂的通知。坐火车、转汽车,当天下午四点多,到达一幢黄色三层楼附近,总算到"新家"了。10月初的草原已经很冷,冰冻的土地硬邦邦的。一下车,孙承纬被冷风吹得缩了缩脖子,一群同事很快就热情地围了上来,大家七手八脚帮忙拿行李,把他们带到各自的房间,热烘烘的气氛一下子就把冷风驱散得一干二净。一个戴着眼镜的瘦高个儿男同事很开心地握了握他的手,喜笑颜开地说:"来了一个小师弟。"这位同事叫刘文翰,也是北京大学力学专业毕业的,比孙承纬早两年分配到这个单位。收拾好床铺之后大家喊上孙承纬一起去食堂吃晚饭,在这海拔3200米的高原,同事们的热情和大自然寒冷的环境形成了极大的反差。

第二天,孙承纬来到办公室,受到了同事们的热烈欢迎。两弹元勋陈能宽院士那时担任实验部兼二室主任,他把孙承纬喊到了办公室,聊家常般问了他到这里的感受,然后给他布置了工作,安排到二室一组从事爆轰相关研究的工作。一组有4个课题方案组,孙承纬被分配到爆轰元件设计和实验方案组,组长正是他的北大师兄刘文翰。那时懵懵懂懂的孙承纬尚未意识到,自己已经投身于中国核武器研制事业。

早在 1958 年，当中国与苏联签订了《国防新技术协定》之后，二机部就设立了九局，专门负责核武器研制和西北核武器研究基地的筹备与管理工作。同年，北京第九研究所，也就是中国工程物理研究院的前身（以下简称中物院或九院）在北京花园路诞生，许多蜚声中外的著名科学家汇聚在这里，拉开了中国研制核武器的大幕。1959 年 6 月，苏联突然毁约停援，拒绝向中国提供原子弹教学模型和有关资料，中央决定自力更生，研制核武器。二机部遵照中央确定的方针，根据我国当时的条件，制定了科学研究工作计划，明确规定核武器研制工作要完全建立在自己科学研究的基础上，自己研究、自己实验、自己设计、自己装备。

1960 年起，二机部第九研究所先在北京开展理论研究，并同步在位于郊区官厅水库的 17 号工地开展了大量爆轰实验。逐步掌握了原子弹的基本理论和关键技术。1963 年，位于青海湖北岸的核武器研究基地（即 221 基地）建成，对外名称叫青海西宁国营综合机械厂，是一个绝对机密的地方。这里高寒缺氧，自然环境恶劣，海拔高、气压低，年平均气温不到零摄氏度，霜冻期长，一年中有八九个月要穿棉衣。1963 年和 1964 年，新分配的大中专学生1600多人陆续来到221厂，进一步加强了核武器研究的技术力量；一批德才兼备的部队转业干部，也被充实到党、政、后勤部门；从全国抽调的优秀工人和部队转业的"五好"战士，被送到沈阳、哈尔滨的国防工厂进行专业技术培训后来到青海，221基地形成了科技人员，生产工人，党、政、后勤人员三位一体的攻关团队。

尽管条件艰苦，但是这里的人却精神饱满，工作热情高涨。融入这个大集体后，孙承纬强烈感受到所从事工作的重大意义，使命感和责任感油然而生，他很快安下心来投入了工作。

孙承纬所在的课题组承担的是原子弹起爆元件的理论设计和实验工作。组里给他发了一本参考资料——《爆炸物理学》译著。上大学的时候，他学的是力学，但从来没接触过爆炸、爆轰，这本书上的知识让他感觉既熟悉又陌生。雨贡纽关系、冲击波特性等，跟他以前学的流体力学、气体动力学虽然同属一门学科，但也需要仔细研读才能完全明白。这对于善于读书思考的孙承纬来说并不难，他沉下心来，仔仔细细地研读学习，遇到不清楚的地方，就去找同事们询问，也常常拉着师兄刘文翰问长问短，很快就掌握了其中的理论知识。

孙承纬除了看书学习，还要经常去6厂区的608爆轰实验场地做实验。221厂6厂区具有多个大型爆轰实验场，每次实验被称为"打炮"。实验前要堆沙堆，在上面立一个木架子，把试验件放木架子上，校准照相光路。如果实验件爆炸之后有污染物，实验后就得把场地上的沙堆全部清理运走，换上新沙子。场地清理是很重的体力活儿，而且有沾染放射物的风险，这些事都是全组人员一起上，体力活儿、脑力活儿统统自己解决。在这里，孙承纬擅长的"手艺活"可派上了大用场，运用工具安装样品对他来说是轻而易举的事情；他跟着大家一起扛着铲子铲沙子、堆沙包，烈烈寒风中往往干出一身汗。

很快，起爆元件第二轮设计调整实验取得成功。几个星期之后，孙承纬接到一个任务，整理组里以前的技术文件准备归档。这些文件都是早期在北京17号工地的爆轰实验记录和总结报告，是当年探索起爆元件设计方法时的设想模型和各种实验数据，因为没有统一记录格式，记录很不规范，这次整理等于把当年的许多实验报告重新整理后再写一份。

在整理档案过程中，孙承纬进一步梳理了其中的关键技术，从原理到模型、各类实验数据都理得清清楚楚明明白白。与此同时，一个越来越大的问号浮现在他脑海中，令他深感疑惑——这个起爆元件到底是做什么用的呢？他小心翼翼地问比他早一个月到岗的赵同虎："我们到底是干什么的？"赵同虎摇摇头说不知道。孙承纬抿了抿嘴，压低声音悄悄地问："我听说我们是搞原子弹的，对不对？"赵同虎吓了一跳，随后迷惑地说："不会吧？我们的工作跟原子弹有啥关系啊？"

"我们到底是干什么的呢？"这个大疑团一直塞在孙承纬的心里。直到临近春节的一天，党支部副书记刘长禄把新参加工作的技术人员一一叫去谈话，进行保密"交底"。孙承纬终于听到了那句让他恍然大悟的话："我们从事的工作是原子能的军事应用。"他心中一震，终于明白了自己工作的重要性——"原子能的军事应用，这不是原子弹还能是什么呢?！"随后一天，室里通知已交过"底"的人员晚上去小食堂开会。刘长禄宣读了必须遵守的"保密纪律"，接着大家庄重地进行"保密宣誓"。以前感到神秘的大幕豁然拉开了，孙承纬在震惊之余，更多的是强烈的责任感充塞心胸，他忍不住握紧拳头，暗地里给自己加油，一定要好好干，让以前欺负我们的国家也知道中国的厉害！

此时，孙承纬所在的课题组已经完成了第一颗原子弹596起爆元件的设计、实验调整和定型，新的目标是如何把元件做得更小，便于武器化。课题组长刘文翰是我国第一颗原子弹起爆元件设计工作的大功臣。面对新的任务，刘文翰原本可以继续负责新课题，取得更多的成果，但是他却没有这样做，他觉得如果想让年轻人尽快地成长起来，就应该给他们压担子，在工作中"边干边学、干成学会"，只有年轻人不断成长起来，事业才可能有更好的发展。他的目光锁定了参加工作不到半年的孙承纬，因为通过工作接触和交流，他很快发现孙承纬跟其他人不一样，一是基础扎实，二是知识面比较广，而且那股子刻苦钻研的劲头尤其让他欣赏。

刘文翰决定让孙承纬担任新课题的负责人，自己则以课题成员的身份助他一臂之力。多年以后，孙承纬每每回忆起这段经历，都感慨万分："我非常感谢刘文翰，他一开始就树立了这么好的榜样。如果前面会做的人一直做，后面的人就永远得不到锻炼的机会。"

就这样，孙承纬开始了人生中的第一个科研课题——探索新型号起爆元件的设计调整。由于数理力学基础扎实，他很快进入了状态。1965年年初，他正式担任"降低元件总高探索实验"方案的负责人。

由于研究原子弹起爆元件的关键是设计一个复杂空

间曲面形状的金属薄壳，想把元件缩小，首先要掌握大参数范围内元件高度与薄壳飞行规律的关系，而这一实验探索过程，需要一次又一次地进行各种参数值的实验探讨，获取大量数据。孙承纬看到样品仓库里有许多过去实验中多余而闲置的实验部件，他动起了脑筋："可以用它们来做缩小元件高度的探索实验，把这些废弃药盘稍作加工，就可以提供元件中部无量纲参数的较大实验范围。"他把自己的想法告诉了生产部的师傅们，大家都表示赞同。

一年之中，孙承纬主持的课题方案打了90多炮，每次打炮用的都是闲置元件的修改品，大大节约了实验成本、加快了实验进度。在做实验的同时，还要进行新模型的大量计算。当时，计算的唯一工具是手摇计算机，一个坐标点参数的计算需要手摇几十次甚至几百次手摇计算机的手柄。工作任务紧急，大家轮流上阵，计算机不停机。通过大量的数值计算，发现"散心爆轰驱动"模型与大范围内实验数据都能较好符合，并且不需要人为拟合的经验参数。

在计算与实验比对的基础上，孙承纬编写出元件总高设计公式以及相关的参数允差公式，利用这些公式设计起爆元件，不需要使用有效药量等经验参数，而且计算与实验数据符合比较准,预见性比过去提高很多。以前为了调整元件总高需要打好几轮炮才能确定下来,现在基本上两轮实验不多炮数就可以完成,大大减少实验发数、缩短了研制周期,元件波形质量也得到显著提高。

1965年10月,"降低元件总高探索实验"基本完成,新型号进入定型加工阶段。这项工作让孙承纬充分体会到了理论与实验结合的巨大作用。此后,这种设计方法一直沿用于后续的多个型号产品,在1966年我国第一枚两弹结合的飞行试验中,导弹上携带的核弹头的小型起爆元件就是采用孙承纬的方法设计的。

1965年下半年,他起草了聚焦元件设计总结草稿。1967年上半年,又与刘文翰一起编写完成了两卷本的聚焦元件设计原理总结。作为这份"大总结"的主要编写人之一,孙承纬等人不仅全面总结了多年来爆轰聚焦部件取得的突破性成果,而且给出了具有创造性的实验方法及力学模型分析,对后续工作的开展具有很强的指导意义和参考价值。

一项中断五年的研究

1965年春，实验部各室被卷入"四清运动"，科研工作变得断断续续，部分人员受到了人身限制。1966年1月，在降低起爆元件总高探索实验和新型号元件设计调整工作完成之后，孙承纬被安排到实验部七厂区锅炉房劳动锻炼，日常工作变成了推煤车、往大锅炉里铲煤、清煤渣，每天三班倒。干完一班高强度的体力活儿，他仍然抽空阅读专业书籍。

三个月后，孙承纬结束劳动锻炼回到科研室，很快完成了"降低元件总高探索性实验总结"的编写。紧接着，221基地抽调科研人员参加青海农村的"四清运动"，孙承纬被派往青海省互助土族自治县红崖子沟公社加克大队某生产队。在这山高风狂、缺水少土的贫困山坡上，他与当地农户同吃、同住、同劳动整整六个月。

1966年10月，他从农村回到221厂的时候，"文化大革命"狂潮已经波及草原。孙承纬冷静地置身事外，一有时间他就去院图书馆翻阅资料文献。对科学研究的心无旁骛让他的大脑思维活跃，他想："如果武器要进一步实现小型化，起爆元件应继续做薄，薄到极限就是只用雷管，或者说'多点起爆'，也就是在主药球表面插上很多个雷管进行同步起爆。这样是否可行呢？"

有一天，孙承纬在图书馆碰到了副院长王淦昌。王淦昌素来待人和蔼可亲,很乐意跟年轻人交流。他大着胆子迎上前去,向王淦昌提出多点起爆的想法,认为雷管多到一定程度,也可以实现高效率的光滑的球面聚心爆轰波。王淦昌听了之后,非常赞同:"如果雷管的同步性好的话,理论上讲是可以的。"他随后深深地叹了口气,遗憾地说:"我们没有很多经费可以做大量实验来探讨,在没有绝对把握的情况下不能随便去试。国家太穷了,我们试不起啊!"孙承纬默默地低下了头。当时应用于核武器的电雷管同步起爆的电子学装置能力有限,无法实现许多点的同步起爆,他的这一想法只能放在心里。

偶然间,孙承纬在图书馆发现1965年年初俄文期刊"燃烧与爆炸物理"中关于激光引爆炸药的实验文章。激光(Laser,当时称"莱塞")能形成炸药中的高温热点,相比传统的电引爆,具有抗静电和射频安全性强、引爆瞬发性同步性好等优点,这让他意识到激光或许能解决许多雷管同步起爆的技术问题。这一想法令他非常兴奋,立刻着手开展系统深入的调研分析,并研读了研究炸药起爆的俄文专著,很快就撰写了"关于激光引爆炸药调研报告和设想方案",提出"激光器–光导束–雷管系统"实现多点起爆的想法,并递交给王淦昌。

王淦昌早已经注意到激光技术的发展和远大应用

前景，已经派人前往北京工业学院，希望他们通过实验验证激光引爆炸药的可能性。当王淦昌看了孙承纬的报告之后，立即安排他和同组的曾元良前往北京，联合北京工业学院老师，一起到中国科学院物理研究所开展激光引爆炸药实验研究。

当时激光器装置极为稀缺，得知中国科学院物理研究所有一台自由振荡红宝石激光器，1967年4月初，孙承纬等人立即去做实验。然而经过一个月的实验，他们发现这台激光器的激光束功率不够高，打在炸药样品表面上虽然响声很大，火光四射，但都是低速燃烧甚至喷溅，不是爆燃，更不是爆轰，离他们的设想相距甚远。孙承纬与物理所人员商讨，决定改用Q开关巨脉冲激光器。这是一种产生功率高得多的短脉冲激光器，辐照炸药可达到更高的温度。当时，国内研制成功转镜Q开关钕玻璃激光器、能够进行高功率激光实验的只有中国科学院上海光学精密机械研究所（简称上海光机所）。

1967年10月，通过二机部机关的协调，孙承纬课题组的实验工作从北京中国科学院物理所转移到位于上海嘉定的中国科学院上海光机所。在上海开展实验的过程中，激光束的功率问题解决了，但炸药样品表面强烈喷溅问题仍然困扰着他们。孙承纬通过理论和实验研究，提出了光学窗口结构和高密度细颗粒装药等措施，很快解决了炸药表面喷溅和温升不高的问题，实现了激光束在炸药表面有效的热能沉积，促成了快速热爆炸的引发。在这里，他们终于看到了激光对高能炸药的直接引爆。火光喷射映照着他们的笑脸，终于取得了具有系统性的良好实验结果！

孙承纬写信向王淦昌汇报了上海的实验情况，包括实验数据及其分析结果。王淦昌很快就写了回信，对实验的成功表达了赞许，并详细指点了实验数据如何按格式记录等细节问题。按照王淦昌的指导，孙承纬等人改进了实验数据记录处理方法，又继续探索研究激光瞬发引爆泰安（PETN）炸药，即激光引爆后炸药从快速爆燃转变为爆轰的问题。1987年出版的"王淦昌论文选集"中收录的论文"激光引爆炸药的热机理"，反映了在王淦昌指导下孙承纬课题组工作的成绩。

正当他们在上海光机所干得热火朝天，眼看即将取得关键的突破性进展的时候，"强干扰"再一次袭来。1969年9月，孙承纬再一次被叫回草原。令他完全没有想到的是，这一次返回草原，竟让他的这项研究工作中断了近五年。

那年3月，东北边境珍宝岛爆发了中苏两国的武装冲突。由于221基地是根据苏联专家的设计修建的,上级要求要抢在敌人发动战争之前,以最快的速度向"三线地区"转移。10月21—24日,221基地召开了调整体制、迁移"三线"的工作会议,紧急动员战备转移。

大家赶忙收拾仪器、设备装箱、整理家私、打包行李。在忙乱之中,基地连续发生了三起重大事故:电厂年久失修的输出电缆突然短路爆炸,造成大面积停电;第二生产部某车间在机加工炸药时发生爆炸,炸死了3名工人;实验部七厂区在装箱、整理资料时,发现办公室和办公桌被撬,撕毁了许多工作笔记本……事故上报到中央后,周总理指示:"要加强领导,充分发动群众,查清问题。"1969年11月,军委办事组派赵启民、赵登程(简称"二赵")率军管工作团进驻221基地。"二赵"到达后,立即暂停了搬迁工作,把周总理的指示丢在一边,不听汇报、不做调查,就把"三大事故"定性为"三大反革命破坏案件"。一场以清理阶级队伍为目的的"清队破案运动"开始了。

这次运动首先是人人被"抄家",孙承纬的爆轰理论讲义、学习笔记以及一些书籍被搜走,还被扣上了"现行反革命"的帽子。起因是他跟大学同学聊天时谈到的一则广为传播的"小道消息",说到有传单登载某领导指示：毛主席身体很好、很健康，医学专家给他老人家体检之后说至少能活到140岁；林副主席也很健康。向来爱较真的孙承纬随口接了一句："如果这些消息都对的话，那么林副主席至少要活到毛主席140岁以后才能接班了。"没想到就是这么开玩笑一般的随口一句话，被那个同学在运动中为了争取立功表现写成检举信上报，再被转到221基地，正撞在"清理阶级队伍"的枪口上。孙承纬马上被停止工作，关进牛棚，失去了人身自由。

孙承纬被关在原单间科研办公室改成的"牛棚"里，房间被腾空后放上一张上下铺单人床，房顶中间吊了一盏上千瓦的大电灯泡。军代表安排两个积极分子负责24小时看守审问，要孙承纬交代问题：加入了哪个反革命集团？跟谁结的团伙？"不就是随便聊聊天嘛，怎么就成了反革命集团了？这有什么好交代的呢？"孙承纬想不通，他无声地抗拒诱供、逼供。

那时候有个惩罚方法叫"熬牛"，就是把人关起来，不让睡觉，直到交代。有一次，他被连续"熬"了72个小时后，实在太疲倦了，竟然在罚站的过程中，睁着眼睛睡着了，还发出了鼾声。看守人员对他大吼一声："孙承纬，你要顽抗到底吗？"他一下从梦中惊醒，几乎跌倒，赶紧重新站直。

大约两个月之后，孙承纬对于"反革命集团"的事情仍然没有任何交代。对于这种本来就是子虚乌有的事，尽管承受了巨大的精神压力和身体痛楚，孙承纬始终坚持实事求是，没有无端牵扯进来一个人。审查他的人也失去了兴趣，放松了对他的看守，让他参加劳改队。

一次，他在劳动中被同伴一铁锹打到小手指上，当时手指甲盖立刻充血变黑，鲜血涌了出来。医生对此并没多在意，拔去了指甲，稍作包扎就算处理完毕。可是回去后他越来越觉得身体不对劲，先是发烧吃不下饭，后来竟然连小便也成了酱油色。几天后一检查才发现，他被传染上了急性黄疸性甲型肝炎。后来才知道是一个职工将患了黄疸型肝炎的小孩带到办公楼，躺在他床铺上休息过。这种病传染性很强，需要立即隔离，孙承纬住院了。

1970年12月，孙承纬在医院只隔离了一个多星期就回到室（连队）里，跟随大部队向"三线"地区大搬迁。列车开了几天几夜，钻过了一个又一个山洞，车外的景致渐渐有了一片片的绿色，终于离别了大西北。到四川之后，孙承纬被送到位于梓潼的汉江医院继续隔离，身体逐渐恢复，各项指标也在好转。此时"清队运动"还没有结束，住院两周之后，在身体还没有完全恢复健康的情况下，他又被勒令出院归队，立即参加5～6天内身背行装徒步近200公里川北山路的"拉练"活动。幸好有"难友"们的帮助，终于坚持走了下来。

搬迁到四川剑阁山区后，孙承纬所属的中物院流体物理研究所的两个室，被安置在剑阁县的马灯乡内被当地人称为"西沟"的大山沟中，住在迁走农民的旧房子里。在这大山沟里，他每天挑大粪、种地，干重体力劳动；不干活时，他们十几头"牛"关在一个小屋里写"交代"材料。冬天屋里四面透风，老鼠乱跑，晚上十二点以后有人来查看，态度不好的就继续写，写到凌晨两三点钟才能回去睡一会儿，早晨五点钟就被叫起来，打井水、烧开水、出去劳动。孙承纬就这样日复一日，过着放牛、养猪、砍柴、种地、挨批判、写"交代"的生活。

1972年9月21日，经中央批准，在北京京西宾馆召开了中物院临时党委扩大会议，纠正"清队破案"运动的严重错误。中央指派国防科委学习组，分别前往四川902地区和青海221基地处理善后事宜，挽回因"二赵"破坏带来的损失。学习组从安定团结、恢复正常的科研生产秩序出发，在四川和青海两地为在"二赵"制造的动乱中以各种莫须有罪名加害的干部、工人、科技人员平反冤、假、错案，恢复名誉；同时，妥善安排原有各级领导和技术骨干的工作，集中精力把科研生产搞上去；对请辞或请调的科技人员做好劝服工作，动员他们继续为核武器事业再立新功。

恢复科研生产之后，围绕核武器进一步小型化的目标，起爆部件的小型化被再一次列入研究计划。当时，全院上下思想十分活跃，几个不同的研究所分别提出了五种不同起爆方式应用基础研究的设想方案，被大家誉为"五朵金花"，激光引爆就是其中技术难度大、最先达到研究指标的一朵"金花"。

这时，孙承纬重新回到了他所热爱的科研岗位。历经重重磨难，再次肩负起阔别了五年之久的激光引爆研究工作，孙承纬感慨万千，他下定决心，一定要加快推进，力争把丧失的五年宝贵时间抢回来！他利用早期在上海光机所开展实验所积累的经验，以及光机所支持的激光器材，带领大家较快地恢复和完成了在所内建立激光引爆实验室的任务，研制成功了安全性高、瞬发性好、激光能量低、引爆性能稳定的2号激光雷管，实现批量制造。随后，团队将研究目标锁定在百路激光雷管同步引爆实验。

为了研制百路同步引爆装置专用的小型激光器,他带领课题组成员到陕西、湖南等地兵器部研究所和实验室,学习了解小型激光器的构造、设计和加工工艺等。因为对方不能提供设计图纸,他就让大家把看到的东西分类详细记录,回来后再画成图纸,进行加工。动手能力很强的他不仅自己绘制图纸,还亲手组装部件。就这样,他们自力更生,设计研制了性能很好的小型高效 Q 开关钕玻璃激光器。那时候国内研制的激光器都很大,也缺少合适的零部件供应,全靠课题组在大山沟里"土法上马"。他们制成的这台小激光器输出光束能量大于 1 焦耳、脉宽 80 纳秒,二三十厘米大小,连带电容器组能源的总重量不足 6 千克。很好地满足了百路同步引爆实验的需要,为后续实验应用打下了坚实的基础。

激光束传输是百路引爆装置的又一个难点。光导束怎么跟激光器进行高效衔接、怎么把一束总激光均匀分支成上百束?这个技术可使面分布不均匀的总光束通过均匀分束,让每个子束和雷管得到基本相等的激光能量,经历差不多的引爆时间。这对高水平百路同步引爆实验至关重要。

激光引爆组从重庆买回玻璃光导纤维做原料,同事方青等女同志心细手巧,用漆包线圈绕线机做成绕光导束的"纺车"，绕制出许多单根光导束以及一个入口、12路分叉输出的多路束。课题组企图先用12路分叉束探索实现均匀分叉的方法。由于每根分支光导束都是由几十根光纤组成的，如果绕制时把这些光纤的输入端均匀散布在总束输入面上，则无论输入的总激光束面分布如何不均匀，每根分束（及其连接的雷管）得到的激光能量总归是差不多的。孙承纬根据这样的想法，提出了改造绕制均匀分叉多路束"纺车"的简单办法，很快获得成功，并顺利扩大到百路同步引爆实验正式使用的两套130路均匀分叉束的绕制。

接下来的12路雷管同步引爆实验却出现了想不到的挫折，连续多次实验12个雷管起爆的同步性很差，他们经过对实验后回收复原的和成品分叉束作激光传输性能测量，再进行引爆实验证实了分光导束输出端光纤的轴线准直性是影响其输出激光束集中度的关键。从此，绕制中采取了措施保证这个重要的准直性。

有了多路分叉光导束后，随之而来的问题是其传输性能的检查测量问题，其特殊性在于引爆一个激光雷管需要的能量不到1毫焦，因此检测分光导束输出的探头灵敏度必须优于0.1毫焦耳。孙承纬再次发挥自己的动手特长，与同事一起用研究室里的小车床，车削制成壁厚不到 0.5 毫米的薄壁小碳斗，做出了符合要求的激光能量计。他们详细地逐一测量了光导束各分支的传输性能，确定以 130 路分支光导束中传光最好的 100 路连接的雷管为正式实验样品，另外 20 束光导束端部也连接有雷管，只作为参考样品，最后一批 10 路传光最差的分支束只好淘汰不用。

在孙承纬的带领下，小组成员经过近 5 年的努力，建立了激光实验室，研制激光雷管百路同步引爆系统，充分掌握了激光雷管的起爆规律和参数范围，从基础研究到激光雷管和引爆系统研制成功，由 12 路到 120 路同步引爆的实现，不仅开拓了激光引爆炸药的研究领域，也成功探索了与激光新技术实验应用相关的技术手段。

1978 年 4 月，课题组最终实现了 120 个雷管的激光同步起爆，其中 100 个正式雷管的起爆同步时间极差约为 0.21 微秒，达到了预定技术指标！1985 年，这项工作获得了国家发明奖（三等），孙承纬为第一发明人。

激光引爆研究的突破不仅掌握了这项工作的物理规律和实验技术，更培养出了一批专业实验人才，在以后开展的猛炸药激光雷管、光导束及激光的 γ 辐照实验和高技术激光辐照效应研究等工作中得到了很好的发挥与发展。

1982年，继首先摘下"五朵金花"之一的"激光百路同步引爆"之后，领导另一朵金花"网络起爆元件"研究工作的重任也落到了孙承纬的肩上。

在孙承纬的指导下，原课题组坚持理论与实验并重，使用在激光引爆炸药研究过程中的"土办法"，攻克了一个又一个难题，实验设计和测试诊断技术、爆轰实验计算模型等得到了协同发展，很快摘下了第二朵金花。1985年，这种元件被正式应用于新一代某型号武器，研究工作取得圆满成功。

作为该项任务的技术责任人，看到这些成果又上了一个新台阶，科研团队为新一代国防尖端武器的发展建立了重大功绩，孙承纬感到由衷的高兴。这份喜悦不单单是因研究的技术成功应用于产品获得的成就感，更是由于见到任务和学科融合，任务带学科、学科促发展，而带给一个科学家内心的慰藉。

在以后多年中，孙承纬将激光引爆技术应用到高技术领域，指导学生谷卓伟在国内首次进行了激光驱动飞片、瞬发冲击引爆猛炸药获得成功。他和学生们独创性的激光辐照效应及机理的理论和数值模拟研究，一直走在国内这一领域的前沿，建立培养了国内最有实力的激光辐照效应研究团队。

"你以后可以叫'FORTRAN孙'了"

1981年，改革开放的春风吹遍了祖国大地，也带来了科学技术的春天。随着对外交流合作日益加强，国家推出选派优秀人员公费出国进修的政策，加强学习和掌握国际先进科学技术。在这种大环境下，学习掌握英语成为热潮。

1980年，孙承纬参加了流体物理研究所举办的高级英语口语培训班。这个培训班由中国科学技术大学两位资深英语教授授课，教材是原版的《新概念英语》，学员们也都是英语基础较好的科研人员。孙承纬深知，精通英语是打开国际学术交流大门的钥匙。他每天沉浸在英语的学习中，听力、口语、阅读、写作，样样不落。几个月后，他顺利通过了结业考试，为即将到来的出国进修选拔打下了坚实的语言基础。

1981年4月，核工业部在中物院选拔出国进修人员，不限专业、自由报名。当时根据事业发展需要，中物院规定选派年龄不超过四十岁的年轻人出国做访问学者。那时孙承纬已过不惑之年，但流体物理研究所仍力荐孙承纬出国在爆轰物理专业继续深造。

深刻感受到组织对自己的信任，这也是组织交付的重任，孙承纬毫不犹豫报了名，并顺利通过了院内的选拔考试。5月初，他又通过了核工业部西南地区的英语选拔考试，进入了在苏州医学院举办的二机部出国留学预备人员英语培训班。这个培训班竞争激烈，参加国家选拔考试的淘汰率至少是50%。孙承纬的英语阅读能力很强，长篇的外文文献他能够很快看懂理解，但听力却相对薄弱。每天上午老师讲课，下午听录音，所有课程都是全英语教学，一开始他有点跟不上节奏。为了弥补这一不足，他每天早起晚睡，利用一切时间多听多练。功夫不负有心人。11月，参加教育部在上海外国语学院举办的正式国家考试时，他感觉非常顺利，最终成绩是笔试、听力双线达标。在这个培训班的30个学员中，他被择优通过，获得了直接赴美深造的机会。

得到教育部通知后，马上可以自行联系美国的学校和研究部门，落实进修单位后报教育部。考虑到学成之后回国一定要对自己的工作有所帮助，孙承纬选择了美国华盛顿州立大学（WSU）物理系的冲击动力学实验室，因为这是国外唯一开展爆轰和冲击动力学研究的单位，与孙承纬的工作专业十分契合。于是，他写信给该实验室的权威福尔斯（R. G. Fowles）教授，希望到他那里进修，进行为期两年的学习和研究。

两周后收到福尔斯教授回信，称他们正在开展相变爆轰研究，想利用激光束做相变爆轰波的面驱动源，而孙承纬发表的文章很多是激光引爆炸药的实验工作,正是福尔斯教授研究所需要的实验技术。

在此之前,由于华盛顿州立大学实验室承担研究工作的背景,他们不接受社会主义国家公派学者的进修或合作研究。福尔斯教授多番交涉、几经努力之后,实验室主任杜瓦尔(Duvale)教授终于同意破例,接受孙承纬为第一个进入该实验室进修的中国公派学者。

对于即将开启的访问学者生活,孙承纬早已有了清晰的目标和规划。他了解到,随着计算机硬件和偏微分方程数值方法的进展,计算机数值计算将作为一种通用科研工具,全面替代只能依靠解析解及昂贵实验的爆轰研究方法。当时国内爆轰物理研究现状是,理论、实验和数值计算三方面互相脱节,总的能力明显落后于国际水平。孙承纬前瞻地看到,掌握刚兴起的爆轰反应流体动力学数值模拟技术,将对爆轰物理深入研究产生重要影响。早在国内他已有意识地自学计算机编程语言FORTRAN 77,1982年11月到达华盛顿州立大学之后更是全身心地投入这方面的学习之中。

进修开始阶段,孙承纬按照导师的布置,在实验室里装置调试一台原有的红宝石激光器,并协助修理实验系统及电子仪器。实验准备工作的另一部分是设计制作相变爆轰工质氟利昂的靶室，由一位博士生承担。孙承纬很快调出了激光束，把光斑放大到5～6厘米直径，并用漫反射方法加以均匀化，完成了预定任务。然而靶室工作未见进展，不久该博士生退学后无人接替。同时，孙承纬向导师提出报告，认为液态氟利昂的雨贡纽线很陡，不大可能发生爆轰现象。导师即将赴澳任教，便决定放弃实验计划，但希望孙承纬继续完成该实验室需要的计算编码的开发。

当时，该大学图书馆的技术报告类型资料储存在一个个文献柜抽屉里大量缩微胶片上，而且没有编成目录卡片，需要自己逐张逐页地用缩微片阅读器查看，非常耗时耗神费眼力。经过几天寻找，孙承纬锁定了1978年美国发表的关于爆轰反应流体动力学一维计算编码"Stretch SIN"的说明报告，附录有FORTRAN源代码。在图书馆员帮助下，孙承纬把这篇页面只有绿豆粒大小的缩微胶片放大翻印成很厚重的上百页硫酸纸本子。对他来说这报告简直就是"天书"，因为这个程序多处是用几千万次大型计算机专用指令写的，无法理解。孙承纬开始钻研"天书"，首先按程序语句画出开始一些子程或区块的流程图，根据机器指令的英文名字按图索骥，慢慢悟出一些门道，弄明白这4000多条源代码最前面的导程序主要是用7760计算机专用指令表述的。

20世纪70年代后期，计算机存储部件还较原始，分配给每个用户终端的内存只有几兆，硬盘就是磁带机。计算模型若有较多分格或变量时，其建模和初始化都要依靠磁带机。这些专用指令主要管理数据流在计算机内存与磁带机之间的交流过程。孙承纬细读该报告的正文，再逐条细挖SIN编码，就可以用一般的FORTRAN语言编写可在一般计算机上运行的代码。就这样，他花费了一个多月的时间重写了通用的导程序，打开了掌握流体动力学大型差分计算编码的"大门"。这一下子豁然开朗之后，理解掌握程序中计算主循环及其多个子程序等就顺理成章了。依靠熟悉流体力学方程组的基本功以及对编程逻辑的理解，半年后他终于把SIN编码读通，并改写为通用编码SSS（Simplified Stretch SIN）。

SSS程序写好后放到学校计算机上调试，如何使用计算机终端上机操作？这又是孙承纬需要从头学起的一件事。好在他英语流利，找到计算中心工作人员虚心求教，用了两周时间就把自己编写的近3000行代码打字输入，并投入调试运行。起初怎么也调不通，又经过半个月对试算记录逐行逐字检查，他终于发现原SIN编码某子程序有一行代码中的不等式号写反了，导致计算出现负比容值而停机。修正了这个错误后，SSS 程序运行顺利，计算原例题的结果与 SIN 报告完全一致。几年后，他与 SIN 程序原作者、美国洛斯·阿拉莫斯国家实验室的梅德（C. L. Mader）谈起此事，梅德说，SIN 上机运行用的是大型计算机的汇编语言，为了发表报告委托某公司改写为 FORTRAN 代码，但并未实际调试，可能存在差错。

当时，孙承纬认真地将发现原编码差错和纠错情况告诉导师福尔斯教授，教授笑着对他说："你很棒！不仅自己学习弄懂，还能够找出源编码中的错误。你以后可以叫'FORTRAN 孙'了。"孙承纬也开心地笑了起来。他对程序编制和调试产生了浓厚兴趣，"FORTRAN 孙"这个称呼在他看来，是导师对他钻研精神的认可。

刚在实验室工作两三个月，福尔斯教授就要去澳大利亚履行交换访问教授任务，为期一年。临走之前，教授把自己办公室和实验室的钥匙都交给了孙承纬，允许他随时使用办公室内专用的学校大计算机终端，为孙承纬在美期间学习和编制计算程序创造了极其方便的条件。从此，他每天废寝忘食，在学校物理楼从早上工作到深夜十一二点。

1983 年年底，他又找到了二维爆轰拉格朗日计算程序 2DL 的说明文件和源代码，次年进行了同样的通用化改编，得到了通用的二维编码 WSU。虽然改 2DL 的工作量很大，但由于有了改写 SIN 编码的经验，他的进度快了很多。然而很不一样的是，他无法懂得用机器指令表述的二维计算模型的初始化（前处理）和计算结果图形表示（后处理）的专门软件，只能用"土办法"编写 WSU 的导程序。这对孙承纬来说，是个深深的遗憾。在回国之前，他编写了计算冲击波和爆轰反应流动的一维程序 SSS 和二维程序 WSU 的说明文件，留给实验室使用，其中他已将 SSS 扩充到具有计算激光热引爆炸药的功能。他具体计算了激光引爆炸药以及冲击波结构不稳定性等问题。除了完成实验室工作之外，他还向导师提交了"One-Dimensional Diverging Detonation Waves（一维散心爆轰波）"等 5 篇论文，翻译了许多爆轰和冲击波物理方面的文献资料，撰写了大量的学习笔记。

国外学校中的科研环境既宽松又紧张，除了要向导师汇报研究进展外，工作计划全由自己安排，或是出于敬业精神或是由于竞争、淘汰的机制，人人都感到无形的压力，工作效率很高，创新思维活跃，"无须扬鞭自奋蹄"。两年中，这么多属于自己支配的时间、丰富的课程学习和学术研讨，为孙承纬提供了系统钻研爆轰和冲击波物理文献、理解改造计算编码以及深入思考一些理论问题的大好机会，他几乎每天都沉浸在学习、思考与工作之中，别人看来或许枯燥乏味的生活，却带给他无可比拟的乐趣。

孙承纬的钻研精神受到了实验室同行们的一致称赞，乃至多年以后仍被大家提及。1989年6月，时任流体物理研究所所长的董庆东跟随经福谦院士、朱建士院士等去美国参加第九届国际爆轰会议和第六届国际冲击压缩会议，会议期间顺访华盛顿州立大学冲击动力学实验室。对方听说这一行人是孙承纬的同事，欣然接受并热情接待。偶然的机会，他们与一位认识孙承纬的人结识，那人称赞孙承纬做学问的才华和坚韧耐力，并显露出敬佩之意。他言语之间已将个人印象笼统提升到中国学者都很"行"的形象。

要知道，中国学者在那个刚刚走出国门与外界交流的年代，还普遍被自傲的西方学者歧视小觑，能令国外学者抛弃偏见转而赞誉是十分难得的。

1984年夏天，孙承纬在结束赴美访问学者生活之前，利用假期到弗吉尼亚州去看望在威廉斯堡读博士的幼弟孙承维，交谈中他们聊到当时一些中国访问学者为了继续留在美国而改读博士研究生的现象。孙承维问哥哥:"你会不会留在美国?"孙承纬笑了起来,拍了拍弟弟的肩膀说道:"我要赶紧回国,所里有很多事情等着我回去做呢!"孙承纬铿锵有力的回答、充满自信的神情深深感染了孙承维,令他难以忘怀。多年以后,孙承纬在教导学生的时候,仍谆谆叮嘱他们,出国进修之后一定要回国效力。

临近回国之前,孙承纬一心想把自己编制的 SSS 和 WSU 等代码带回祖国,这可是今后科研工作用得到的重要工具啊。怎么才能把这两个好几千句的程序带回国呢?虽然可以打印成纸本,但回来之后需要重新输入,如果输错了还很难查出来。思来想去,还是只有把代码拷贝成磁带才方便携带。他找到大学计算中心的工作人员,提出了要把自己保存在学校计算机里的程序以及计算文件带走的想法,请他们帮助。计算中心的工作人员十分爽快地答应下来,很快交给他一个 8 寸直径的磁带盘,将他要的文件全复制在里面了。

孙承纬还将自己两年来撰写的各类实验记录、学习笔记、专业论文、复印资料、翻译稿件、读书剪报等约 795 份资料进行了详细的整理编号,先后分四次用大纸箱装好,千里迢迢海运寄回国内。

回国之后,孙承纬把自己编写的 SSS 程序放在位于绵阳的院内兄弟单位的西门子2000计算机里，准备"大展拳脚"了。SSS程序就像自己花了大量心血、精心哺育出的"孩子"，他对这个程序了如指掌，数千行的程序，从理论模型、方程求解方法、状态方程结构、计算的输入输出等，均进行了周密细致的设计，并一字一句编写，通过反复调试与修改完成。他还结合实际工作需要进行了扩充改编，不仅大大节省了计算时间，而且提高了计算精度，使之成为流体物理研究所第一个真正意义上有效率的爆轰与冲击动力学的计算程序。WSU程序也被学生们广泛用于圆筒试验与爆轰产物状态方程，爆轰波绕射与拐角效应等重要问题计算。

在他看来，对于一个初涉爆轰研究的科研人员来说，单从理论入手并不一定会有什么深刻的认识。参加爆轰实验及数值计算是获得对爆轰过程感性认识的不可替代手段。由于爆轰物理过程几十万分之一秒间就结束了，除了猛烈的爆炸效应外什么都感觉不到。如果有了数值模拟结果就大不一样，每一系列计算图像就是一次数值实验，结合相应的实验数据认真研读，呈现在脑海中的物理实验过程就具体化了，才能真正建立起对实验和理论的深刻理解，培养多方面的学术能力。这就是学习和运用学科领域基本计算程序的价值所在。

回国后的几年中，孙承纬和他的学生们将不断改进的 SSS 程序，用于产品计算、冲击引爆、反应速率等课题研究，开发了该程序在激光效应、爆轰增长、强爆轰驱动、散心爆轰和瞬时爆轰等方面的计算功能。

此后，孙承纬又把这些程序的功能创造性地扩充到多种反应速率、空腔开闭、材料动态损伤 NAG 模型、磁驱动模拟、激光加热和烧蚀等方面，在国内首先建立了广泛适用的多物理场作用下一维磁流体力学数值模拟平台，在很多课题研究中得到充分应用。原流体物理研究所所长董庆东曾感叹道："大型数值模拟程序专业性极强，非专门从事其开发的理论团队力量上阵难以制胜。孙院士竟能单挑，开发出了二维流体动力学模拟程序并推广应用，展现了他的全方位科技学术创新能力。"

孙承纬的数值模拟程序不仅在科研工作中得到了广泛应用，还是研究生们学习数值模拟计算方法的必修课。孙承纬带过的研究生几乎都接触过 SSS 程序，在反复编写、调试的过程中，他们逐步了解程序结构和模型算法，不断提升编写改造计算程序的能力，同时更深刻理解了冲击波和爆轰理论。多年以来，在大家共同努力下，SSS 程序可能已有上百个版本，功能不断扩大，应用范围愈加广阔。

"一步到位"与"逐步推进"之争

随着对武器物理规律认识的不断深化，科学家们意识到随着武器能量、威力的不断提升，其安全性、可靠性等问题变得愈发重要。毕竟，这种威力巨大的武器一旦发生意外，后果不堪设想。而在影响核武器安全性能的诸多因素中，炸药自身的本质安全性无疑是最关键的一环。

20世纪80年代初，面对爆轰学科的发展形势，孙承纬注意到美国已经把塑料黏结TATB（一种钝感猛炸药，俗称"木头炸药"）实际用于核武器。他敏感地意识到钝感炸药中的发散爆轰理论与试验研究将会是近期的学术发展方向。他与同事卫玉章等琢磨着，TATB炸药的性能到底怎么样？能制造出来不？能不能实际使用？针对这些问题，他们组织一批科研人员，开始系统地调研钝感炸药的特性、爆轰规律和应用前景。

调研结果显示，钝感炸药具有极佳的热安全性和低冲击感度，即使在火灾、坠落、发射失事等极端情况下，也不会发生燃烧转爆轰等灾难性事故，而且在运输、储存和勤务操作中也具有很高的安全性。然而事物总有两面性，钝感炸药也有其局限性：由于它的不敏感性，起爆难度较大；因为反应速率低，爆轰波传播表现出明显的非理想行为，爆轰能量也相对较低。这些问题都成为钝感炸药实际应用的重大挑战。初步弄清楚之后，孙承纬与卫玉章分工，分别从理论和实验两个方面开展研究。在理论与实验不断交融的过程中，卫玉章团队摸索出了适用于钝感炸药的特殊起爆方法和技巧，成功实现了一小块钝感炸药的高质量起爆。孙承纬也通过理论计算，了解了钝感炸药中传爆、绕爆、死区、利用率等问题。有了对这些问题的认识，孙承纬着手撰写了题为《钝感高能炸药研究与武器爆轰物理的发展》的调研报告，提出"以TATB为代表的钝感高能炸药具有突出的安全性能，在核武器和先进常规战斗部中得到广泛应用。理解和掌握钝感高能炸药的爆轰性能，已成为武器物理研究的重要方向，并将积极推动今后核武器和常规武器的技术发展"。

几乎在同一时期，中物院化工材料所的董海山团队也开始研制安全性高的高能炸药。他们主张炸药安全性研究应"逐步推进"，即尝试在敏感炸药中逐步增加钝感炸药的比例，研制不同配比的混合炸药系列，以期在提高安全性的同时，尽可能增大炸药的能量和威力。然而，孙承纬却提出了不同的思路。他认为，炸药安全性应该"一步到位"，直接研究只使用TATB的"纯"钝感炸药，而不是以钝感/敏感混合炸药方式"逐步推进"。

针对孙承纬和董海山提出的不同技术路线，院里组织了多次论证会，讨论两类炸药的爆轰性能怎样？安全性能怎样？双方各持己见，争论异常激烈，得不到共识。两弹元勋于敏院士后期也参加了会议，所有的调研报告他都一页一页地仔细看过，但一时间他也没有作出论断。

在大多数人看来，"一步到位"的研究路线风险太高，但孙承纬的这个观点并非凭空而来。他通过大量调研发现，美国在钝感炸药研究历程中，曾尝试过多种混合炸药，但最终发现，只有"纯"TATB才能真正达到钝感炸药热感度低的优势。低比例敏感炸药的混合炸药虽然机械感度是"钝化"了，但在热感度方面却仍与高比例敏感炸药一样，达不到预期的效果。孙承纬在一次论证会上形象地比喻道："外国人已经发明了电灯，我们为什么还要去研究煤油灯呢？"

当时最大的技术困难有两个，一是"纯"TATB钝感炸药的研制在工艺上还存在技术瓶颈；另一个是TATB炸药复杂的爆轰规律还没有完全掌握。对于爆轰规律研究，孙承纬信心十足地说："钝感炸药也好、敏感炸药也好，实际上就是反应速率的差别。你可以不知道爆速，光凭反应速率计算就可以得到爆轰传播是什么样的。所以,这个钝感炸药的反应速率,也就是说爆轰规律是完全可以掌握的,包括远程绕爆的性能等都是可以掌握的。"

当然,董海山团队也有自己的顾虑之处——高比例TATB炸药在机械加工上存在困难,难以满足武器小型化的要求。而混合炸药在工艺上已有一定经验积累,"逐步推进"比较保险。

美国核武器为什么只用"纯"TATB而不用其他配比的混合炸药呢?谁也没能讲明白这个问题。

为了找到更有力的论据,孙承纬继续深入调研,三个多月之后有了新的进展,他从国外对混合炸药做的热起爆实验中发现,只要有敏感炸药的成分存在,哪怕只有 1%~2%,它们的热感度是不会降低的。热感度与机械感度不同,哪怕只有一个敏感炸药分子,温度高了也要反应。一个分子的热感度与一大块炸药的热感度是一回事。在热感度面前,混合炸药没有意义。

这一实验证据的发现让孙承纬更加坚定了"一步到位"的想法。他将这一研究结果写信告知于敏先生,寄去了相关的调研文章,并阐述了对钝感炸药爆轰规律的理解和观点。于敏在回信中写道:"我很同意你的一些观点。"他认为 TATB 炸药具有重要的应用前景,应加强其爆轰物理的基础研究。

在1991年院论证会上，于敏把调研资料、文献又从头翻了好几遍，虽然他对孙承纬的一些观点表示赞同，但是目前还没有解决的一些技术问题的确对实用爆轰装置的设计影响很大。经过慎重考虑，于敏同意了孙承纬"一步到位"的研究方案。在胡仁宇主持下，会议有了基本的共识。倍感压力的董海山忐忑不安地对孙承纬说："就是你一定要上这个东西，将来出了事你负责。"孙承纬笑着，紧紧握着董海山的手说："没问题。"尽管论证会上两人意见不同，但是多年合作使他们早已成为亲密的战友，会后的工作大家仍然配合默契，抓紧时间各自攻关达标，计划一年后最终确定钝感炸药的选型。

回到流体物理研究所后，孙承纬立即着手安排相关研究工作。103室的一大批科研人员投入钝感炸药的冲击引爆、爆轰传播和爆轰驱动研究中。按照组织的分工，作为研究所副总工程师，孙承纬的主要研究工作虽然已经转到了高技术领域，但他仍然十分关注钝感炸药的攻关研究任务。

流体物理研究所是以实验为主的研究所，通过爆轰实验研究获取实验数据，供给中物院的理论研究所进行计算和分析。因此，实验团队曾被人戏称为"打炮工"，大多数人听了一笑置之,甚至也有人这么称呼自己。但孙承纬很不赞同这种叫法,他在各种场合多次强调:"我们绝对不是只做'打炮工',如果仅仅依靠实验,只能获取到特定时刻的特定数据,是看不全、看不透的,那么我们就无法真正触摸到其中的物理机理,必须坚持理论与实验结合并重,在实验结果与数值模拟相互迭代印证的过程中深化认识,才能真正掌握钝感炸药的爆轰规律。"

实验团队解决了钝感炸药冲击引爆问题后,打了很多"炮",获得了关于钝感炸药爆轰传播的丰富数据。实验做得很"漂亮"!孙承纬很高兴:"没错,这是个好开头。不过,大家可别松懈,接下来实验参数怎么解释?怎么计算?咱们得赶紧推动相关的理论和数值模拟工作。"

为此,在部署开展实验研究的同时,他继续考虑如何让"一步到位"方案更加可行有效。经过深入调研之后,孙承纬看到了美国学者提出的一种适用于大型装置工程计算的爆轰冲击波动力学(DSD)方法。他敏锐地意识到,这一理论对钝感炸药研究具有重要意义。

数学根底深厚的孙承纬在吃透了文献理论之后,创新性地提出了一条简化 DSD 计算的"广义几何光学原理

（GGO）"途径，这条巧妙的途径可以避免求解国外那时提出的复杂非线性偏微分方程式，直接计算爆轰波阵面的演化，获得正确的理论结果。据此，他指导高文建立了简便适用的DSD计算编码——广义几何光学原理二维计算（GGO2D），得到了与许多实验很好符合的计算结果。计算编码GGO2D的优越性在于，钝感炸药中爆轰波二维传播计算只需要四个物理参数，而且都是炸药的物性常数，与炸药构型及尺寸无关，只需要做同类炸药的基础实验就能确定。

某天，陈能宽先生到流体物理研究所与孙承纬进行交流，了解他们开发的钝感炸药理论模型和计算程序。作为爆轰实验研究的"元老"，他看到实验数据与计算结果对比验证结果后大加赞赏，他非常理解这个计算程序对有关实验设计和结果分析的重要指导意义和实用价值。而且这计算程序能够对各种构型钝感炸药中爆轰波传播过程进行较准确的计算，能够有效减少实验发数，大大降低研究费用。

陈能宽拍拍孙承纬的肩膀，笑问："你提出这个方法（GGO2D）是不是要用你的名字来命个名呀？"孙承纬也笑笑，轻描淡写地答道："没有必要，一件小事情。"

实验、理论和数值模拟齐头并进，钝感高能炸药的研究势不可挡,蒙在其上的"神秘面纱"被逐步揭开。对其性能了解得越深入,它的优越性就越加受到关注。1992年在西安召开的一次内部研讨会上,孙承纬团队关于高能钝感炸药爆轰性能的研究,以及董海山团队研制高质量钝感炸药的进展,引起了与会专家和领导的高度重视,对于要不要马上应用于新型武器?大家进行了慎重的讨论。与会人员很快达成高度共识,要加快实际应用的进程,尽早通过大型实验来验证我国在钝感炸药方面的研究成果。1996年,在我国进行的最后一次核武器热试验中,钝感炸药的研究成果得到很好验证:这次试验非常成功,爆炸当量比敏感炸药装置还高出一半!

此后,孙承纬团队不仅用 GGO2D 编码计算了各种炸药构型中爆轰波形演化和不起爆范围,而且还进行了爆轰波绕射和拐角效应的研究。GGO2D 计算能够较准确预言钝感炸药中爆轰波长程绕射的实验波形,达到国际同类工作先进水平,而且可推广用于不同环境条件下起爆器件性能的研究,对实际工作也发挥了重要作用。1998年,孙承纬在第11届国际爆轰会议上作特邀大会报告,介绍了把 DSD 计算与二维流体力学编码 WSU 结合,用于数值模拟二维爆轰驱动问题,得到了国际学术界的高度认同。

21世纪以来，孙承纬进一步指导学生姜洋等引入DSD方法的高阶模型，构造了相应的数值模拟程序，能对复杂构型钝感炸药中爆轰波传播进行精度更高的计算。此程序耦合于先进的流体力学编码，就能数值模拟复杂构型炸药装置的二维爆轰驱动问题，姜洋对以往各种类型实验的大量数据进行计算核对和系统性总结，把二维爆轰驱动计算提高到了新的水准。与此同时，学生文尚刚把GGO原理与等值面方法（Level Set）结合，在国际上首次进行了三维爆轰波传播和相互作用的计算。

孙承纬及其同事、学生们多年对炸药中爆轰波传播、驱动的研究，从一维到三维模型、从近似解析解到高精度数值模拟，建立了牢固的爆轰物理学科研究基础，达到了国际上同类工作的先进水平，对于核武器物理研究和常规战斗部研制发挥了重要作用。

一不小心"搞大"了

时光来到 21 世纪，孙承纬跨入爆轰物理学科已有 30 多年，作为爆炸力学领域的亲历者和贡献者，他见证了我国爆轰研究从无到有、从弱到强的历程。

爆轰物理是怎样一门学问？与爆炸力学和核武器物理有什么关系？想必大家都希望了解这些问题。

爆炸是自然界和人类活动中发生的猛烈现象，即爆炸物体内部的化学能或物理能在很短时间里释放出来，生成大量高温高压的气态爆炸产物，使爆炸过程快速扩展并对周围物质做功，产生猛烈的力学效应和破坏作用。爆轰是最剧烈有效的爆炸反应类型，其能量释放或转换是以自持的超声速冲击波（即爆轰波）传播形式进行的。军用凝聚炸药的爆轰波速度为数千米以至近万米每秒，波头压力达几十万大气压。1 千克三硝基甲苯（TNT）炸药爆轰释放的化学能约 450 万焦耳，明显低于煤炭石油等化石燃料，但在十万分之一秒之内这肥皂大小的炸药块就能完全爆轰，释能功率竟相当于四五百个百万千瓦大电站的总和！容易理解，炸药是近代爆破、弹药以至空间发射等特殊工程技术的主角，也是工业安全问题的重心。

炸药爆轰的巨大威力在核武器动作过程中所起的作用则有所不同，需要它执行的是非常强烈但极其快速准确细致的工作。在原子弹裂变反应开始前的几十微秒时间里,其炸药部件必须准确起爆,形成需要的爆轰波形,驱动加速有关部件内爆运动、变形和压缩,准确达成为实现核爆炸所需要的位形。更广泛的爆炸力学除了研究类似的近区内爆轰物理过程外,更关注爆轰波、爆轰产物及装置部件对周围结构物和大范围空间介质(大气、岩土和水体)的力学作用及效应。因此,爆轰物理和爆炸力学对于国民经济及国防科技都是非常专门的重要学问。

20世纪60年代初中国核武器研究刚刚起步,很多学科领域基础非常薄弱,特别是作为爆炸力学主要分支的爆轰物理,其实验和理论研究几乎一片空白。正是在这样的基础上,中物院自力更生,开展了爆轰物理的系统研究,逐步积累了核武器物理丰富的知识和经验。1990年,中物院为了促进科技事业的继承与发展,决定出版系列科技丛书,把建院以来各学科领域的学术积累进行总结提高,推动传承与创新。

孙承纬亲身感受过刚参加工作时专业书籍资料匮乏的窘境。1964年,他接触的第一本专业书籍是苏联学者鲍姆等撰写的《爆炸物理学》,由留苏回国人员集体翻译、科学出版社于1963年出版。这本爆炸力学领域名著是当时我国国防科技人员的基本参考书之一，中物院实验部专门订购了一批，孙承纬所在的老二室成员人手一册。当时国内开设火炸药、弹药工程类专业课程的高校只有北京工业学院，除了20世纪50年代从俄文翻译的《爆震原理》外，没有一本较全面的爆轰物理专业书籍。

基于出版院科技丛书的契机，孙承纬萌发了写一本爆轰物理专著的想法，把个人和大家三十多年的科研积累、实践经验和国内外学术进展进行系统总结，把爆轰物理作为一个学科应具备的系统理论基础、实验技术和数值模拟方法等全面陈述，希冀能对从事军用固体炸药爆轰研究和应用的教师、科研人员、工程师和研究生提供一本有价值的参考书。

孙承纬找到共事多年的同事卫玉章和周之奎，把这个想法与他们进行沟通，邀请他们参与撰写工作。大家都有同感，一拍即合，立刻着手书籍编写工作。如何能让这本书结构合理、要点突出，对科研人员有较高的学习参考价值？孙承纬对书的章节提纲进行了精心考虑：把全书分为九章，涵盖了爆轰的反应流体动力学理论和数值模拟、爆轰波结构和稳定性、实验测量技术、炸药的爆轰性能、爆轰产物物态方程与反应速率等基本内容，然后是爆轰物理的主要应用：炸药起爆、爆轰波传播与相互作用、爆轰对结构物和周围介质的效应（驱动和爆炸波）。孙承纬负责理论和应用方面的章节撰写以及全书的统稿修改工作，实验技术、爆轰参数、物态方程与反应速率等章节，则由经验丰富的卫玉章、周之奎负责。

写书工作量极大，需要调研当时国内外已有的工作，文献犹如瀚海，每一章的参考文献都有几十甚至上百篇，内容的取舍极为重要，更要将流体物理研究所的工作融入其中。在科研任务十分繁重的情况下，他们只能见缝插针，主要利用业余时间来写书。

按照中物院科技丛书编委会的工作流程，拟出版的书应先上报提纲，审查通过后才能纳入出版计划。某责任编辑看了孙承纬提交的提纲和样章之后，觉得有大量的理论性内容，过于学术化。丛书当时已经出版了一本《理论爆轰物理》，他建议把《应用爆轰物理》书中的理论内容都删掉，只需引注"理论"书的某某页即可。然而，孙承纬认为不能简单地将一个学科斩成理论与实验两半，若把实验工作简单处理为一些理论公式的参考物，就完全扭曲了物理学科的性质。他准备写的书名为《应用爆轰物理》，因为爆轰是一门理论、实验和数值模拟高度结合的应用物理学科（国家分类归属于工程力学），是军用固体炸药爆轰学科及应用研究的全面论述，内容与已出版的那本书没有交集。

《应用爆轰物理》从1992年动笔，到1996年完稿，断断续续地写了四年。由于与那位院内编辑意见不同，《应用爆轰物理》书稿完成之后并没有及时出版，多年在院内外审稿专家们手中流转，最终得到了朱建士的认同和院副总工程师张寿齐的全面审校，直到2000年12月才在国防科技出版社的鼎力帮助下付梓印刷。出版后，该书得到了业内人士广泛好评，陈能宽给予高度肯定，认为该书系统总结了中物院流体物理研究所，尤其是作者们在军用固体炸药爆轰物理学术和应用方面的研究工作，充分反映了本学科发展的前沿问题和最新进展。

朱建士也把《应用爆轰物理》作为他们所里每年入学研究生的必读教材。由于这本专著只发行了2000册，市场上很难买到，国防科技大学、北京理工大学的一些教授纷纷向孙承纬索要，作为工作、教学的重要参考资料。2002年，《应用爆轰物理》被评为全国研究生教育优秀教材。

关于爆炸力学方面的专著，1975年苏联学者斯坦纽科维奇主编出版了"爆炸物理学"的第二版，对第一版书中大部分内容进行了改写和补充,但由于那时国内状况,该书第二版没有翻译。

2003年初冬,孙承纬在一次学术交流活动中,见到俄罗斯爆炸力学专家索洛维约夫,他正是最新俄文专著《爆炸物理学》第三版的主编之一。这次见面中,孙承纬与索洛维约夫畅谈许久,后者还将第三版《爆炸物理学》俄文原著赠送给他。

经过仔细研读,孙承纬认为该第三版很好地总结反映了近三十年来俄罗斯和各国科学家在爆炸力学方面的研究成果,以及该领域最新的发展方向;新版书增加了大量新内容、图表和参考文献,具有相当高的学术价值以及科研教学方面的参考价值。国内近年来的相关专著大都偏重于爆轰和较窄的适用范围,如终点弹道效应、工程爆破、爆炸加工或爆炸安全等,尚缺少如该书那样深厚全面的系统性专著。

孙承纬觉得,"好的东西,别人先进的东西,我们就应该学习"。为了让更多的国内同行有可能学习了解俄罗斯巨著《爆炸物理学》,他决心将其翻译成中文出版。

翻译一部学术专著极为艰难,不仅要懂俄语、懂专业,还要具备充分的中文表达能力。他先找了一个懂俄语的同事翻译了一部分试试,但是译稿无法令人满意,他决定亲自负责，一定要把这件事情做好。

当时年逾六旬的孙承纬决定以个人之力来翻译这部近180万字、体量庞大的巨著，但同时他要做好承担的科研和研究生培养工作。"三线"并行，体量大难度高，其辛苦程度难以言表。那些年无论出差还是开会，他随身带着《爆炸物理学》复印件，利用一切时间空隙做翻译。一同出差的同事学生经常看到，就连候机和乘机时，他也是一直埋头写写画画作译稿。

在翻译的过程中，孙承纬从来不会"迷信"权威而照抄书上的公式，所有的公式他都必须重新推导一遍才能放心。有时候可能书上的公式印错了，他推导出来的公式和人家的不一样，他就会反复推导验证，真的可以说得上是食不甘味、夜不成眠，非要弄得清楚准确。

通常完成一稿的翻译后，孙承纬会耗费大量的时间和精力对译文进行通篇反复检查修改，大改至少都要进行两次。将文字录入后打印出来，边看边改，基本上隔一行，就是一大片的修改。校核修改的主要内容，包括文字、公式、图表输入的正确性和行文逻辑、质量的改进。大改后的稿子直接在计算机上修改，修改后再打出来，再上机修改。直到交稿还要修改，都要一遍一遍校对。

他的妻子陶洁贞给予他极大的支持，帮助他整理、打印译稿。该书有大量的公式和图表，她主动找人教自己使用计算机软件，学会了数学公式的输入等。对于孙承纬手绘的图表，她学会了扫描、录入、修图……，近千张图片一点点地完成，把孙承纬的手稿一页一页地全面输入，进行电子化。

在写书、译书的那些年里，两个人常常是下班了还在办公室忙碌，一个奋笔疾书、一个埋头打字，午饭也顾不上吃。为了节省时间，他们在办公室里备着方便面之类速食。每到中午肚子咕咕叫时，他们便泡面速食匆匆对付一下。因为对他们来说，去食堂排队打饭也是一种不必要的时间浪费。从初稿译写、译稿修改、打印稿校对，翻译工作持续了四年，承载着无数个日夜的付出，2009年终于完成！

回想这段辛苦的历程，孙承纬曾经自我解嘲地说："我当时翻译这两本厚书还是很担心的，万一翻不完怎么办呢，这么厚的篇幅。开头两章翻译得真是累啊，后来就习惯了，翻得还比较顺。"曾受孙承纬委托参与校对译稿工作的胡海波回忆起这段经历，情不自禁地表达了对孙承纬深深的敬佩之意："我是在业余时间多半是临睡前坚持再工作个把小时，持续近一年，近180万字的篇幅，把我这个只做部分章节校对的都快耗垮了。孙老师都已经60多岁了，凭借一己之力翻译了整篇文稿，真厉害！"

千淘万漉虽辛苦，拿着厚厚的散发着墨香的书，孙承纬欣慰不已："开始还以为100万字上下，没想到最后写了这么多，真是一个不小心搞'大'了。"

孙承纬的翻译工作得到了业内同行的盛赞，鲍曼技术大学的俄方同行听说孙承纬一个人完成了全书翻译，顿时惊叹不已，他们可是一大帮人用了多年时间集体写成的啊！

这本《爆炸物理学》译著与由孙承纬主要执笔撰写的《应用爆轰物理》，彰显了孙承纬在爆炸力学领域的深厚造诣，为该领域的发展奠定了坚实的基础。曾任流体物理研究所所长的董庆东评价道："这是孙承纬不吝心血，站在学术的巅峰对业界的巨献。《应用爆轰物理》最全面地积累了我们几十年间的应用成果与认识。《爆炸物理学》俄罗斯原书第三版中译本，更全面地重新提升了《爆炸物理学》苏联原书第一版中译本的内容。两本巨著将长期受用，善修此经典者必得业界正果，悟道者自会油生敬仰孙院士之情。"

孙承纬倡导的科研工作重要习惯是收集整理文献资

料、做笔记和写总结。这些好习惯如星星之火一般，潜移默化地影响越来越多的人。他曾经为科研人员作过"如何做好科研工作"的报告，认为"信息获取能力、基本工具使用能力"等都是科研的基本功。他常说："好记性不如烂笔头，记笔记最大意义是有助于当时的理解和记忆，是把厚书读薄的必经途径，以后翻笔记比翻书容易。"

注意收集整理有用的资料，是他把书读"薄"的另一种方法。最具代表性的就是倡导汇编流体物理研究所《爆轰研究论文集》。

由于我国规范的学术期刊及论文发表制度主要建立于20世纪80年代初，以前很多学术工作淹没在许多内刊及学术会议论文集中，抢救和保存这些早期学术资料的重要意义不言而喻。1993年，时任中物院流体物理研究所科技委主任的孙承纬，建议汇编流体物理研究所《爆轰研究论文集》，他认为30多年来流体物理研究所在爆轰物理方面开展了大量研究工作，取得许多成果，发表了很多有一定水平的文章。如果把这些资料收集起来，不仅对于建立和继承学术研究传统、鼓励科研人员学习上进十分有益，也有利于与国内外专家同行的交流。

在所领导的支持下，孙承纬和学生于川一起开始了以往文献的收集和整理。由于多年来缺少相应的管理，这不是件轻而易举的事。如何选取有价值的论文？孙承纬经过周详的考虑，认为要突出流体物理研究所在该领域的学术影响力，作者必须是所内人员；论文内容应有一定学术质量和创新性，泛泛而谈的调研、综述都不采用。

他们精心挑选了1977—1993年流体物理研究所科研人员在国内外公开和内部刊物以及学术会议上发表的高水准论文227篇。

孙承纬对这套文集的汇编十分用心，在编辑排版方面也提出了很高要求，参照核心期刊的标准统一格式，排版错误率也作了同样规定。为了扩大影响，他还亲自将文集目录和前言翻译成英文。

孙承纬专门邀请陈能宽先生为文集题词，陈能宽欣然答应。在洁白的宣纸上，他饱蘸浓墨，挥毫写下"斩棘披荆集风雨春秋硕果，乘风破浪攀未来世纪高峰"，两句诗中不仅充满了对流体物理研究所科研成果的赞许，也寄予了深切的期望。1993年10月，精装大厚本的《爆轰研究论文集（1977—1993）》第一卷刊印，不仅为科研人员提供了宝贵的学术资料，也进一步提升了流体物理研究所在爆轰研究领域的学术地位。

2011年，孙承纬再次以名誉主编的名义参与了陈军等主编的《爆轰物理研究论文集（1994—2010）》的汇编工作。这套新文集共四卷，收录了1994至2010年流体物理研究所科研人员发表的300余篇研究论文，反映了近二十年来爆轰物理研究的进展和成果。

孙承纬关心汇编论文集的另一思想根源，正如他在新论文集序言中所说的那样："下棋找高手，弄斧到班门；不做或少做低水平、重复性工作。加强瞄准国际先进水平的基础研究，是培养创新型研究人才的必由之路。长江后浪推前浪，世上新人胜旧人；希望本文集能够起到抛砖引玉的作用，促进我所爆轰及相关研究向新的高峰攀登。"

孙承纬还致力于有利于凝聚爆炸力学界共识的学术工作。2005年，他组织国内有关单位专家编写国军标"爆轰术语"，于2006年正式颁布实施。同年，他受邀为中国力学学会编写"2006—2007力学学科发展报告"中的"爆炸力学"一节，详细论述了爆炸力学的性质和内容，指出学科发展的前沿方向。

孙承纬的贡献，不仅为我国爆轰物理的科研教学奠定了坚实基础，培养了大量科研人才，也为爆炸力学领域的发展开辟了新的道路。正如2019年，中国工程院院长李晓红在致孙承纬八十华诞的贺信中所说,"您把全部智慧和精力都贡献给了我国的爆轰物理事业""勇敢扛起我国爆轰物理事业自主创新的旗帜""在您的科研生涯中,我们看到了中国爆轰物理事业发展的历程"。

打蛇要打在七寸处

20世纪80年代，世界掀起了发展高科技的新浪潮。面对这样的国际形势，中国科学家王大珩、王淦昌、杨嘉墀、陈芳允联名向国务院提交建议，推动中国高技术发展计划。1986年3月，邓小平作出重要批示，国家高技术"863计划"正式启动。

1987年，中国工程物理研究院承担"863计划"激光技术主题的主持单位，并确定流体物理研究所为该主题下属专题"激光辐照效应"的主持单位。8月，曾在百路激光同步引爆实验中表现优秀的孙承纬，受命担任首届激光辐照效应专题专家组组长。虽然专题成员单位中有些高校、科研所也曾做过零星的基础工作，但就整体而言，激光辐照效应研究完全是一片别有洞天的高科技"处女地"。

孙承纬在日记中写下"知足知不足，有为有弗为"十个字借以勉励自己，在这一条没有人走过的路上，既要顺势而为，又不能盲目妄为。孙承纬反复研读了各成员单位前期提交的论证报告后，撰写了专题的发展规划，提出了专题应重点关注的第一批研究课题，非常审慎地带领专题组踏上了激光辐照效应研究之路。

起步之初，流体物理研究所仅有两台能量较低的巨脉冲固体激光器，不能符合激光效应机理实验研究的需要。通过孙承纬的联系，课题组购买到一些闲置的激光棒、"二手"的电容器、氙灯、反射镜。通过自行安装、调试，建立了两台可开展激光烧蚀效应研究和冲击破坏效应研究的激光器。又设计了一批材料靶、器件靶，迅速投入实验研究之中。就是在这么"简陋"条件下，孙承纬带领激光效应研究团队，与国内优势单位一起，参与激光技术主题的"联合舰队"，奋力追踪国际激光效应研究的步伐。

基于当时对激光效应的分析和认识，专题组面临的首要问题是：选择怎样的效应机理可以实现所需要的破坏效果？这个问题当时尚没有答案，大家只能在不断的实践中求解。

起初有专家认为，短脉冲高功率激光束的强度非常高，辐照靶材会造成其内部的层裂损伤，破坏靶目标。为了辨明这个问题，课题组在激光器上进行了许多冲击波层裂实验，发现要使厚度小于0.1毫米的铝板产生层裂，激光光斑上的辐照度至少需高达每平方厘米10^{11}瓦以上。这个指标只是在实验室大激光器前用透镜聚焦才能达到，而且对稍厚的靶板不起作用。因此，大家觉得这种效应机理对实际应用没有意义。

当时，孙承纬与学生庄仕明撰写了一篇关于脉冲激光引起金属靶板层裂的阈值条件的论文,通过理论模型的分析,进一步阐明了这种脉冲激光的力学效应不适用于激光技术主题的理由。这一研究结果,为激光器脉冲体制的选择起到了重要导向作用。

紧接着,专题组将目光锁定于准连续和高重频激光的烧蚀效应,希望通过激光烧蚀实现靶板穿孔的效果。经过反复调研和验证,他们遗憾地发现,通常金属板几毫米尺度的激光钻孔或切割需要的辐照度约每平方厘米万瓦以上,万瓦级连续激光束通过短距离的光学系统可以实现这样的要求。然而,理想的激光器和光学系统发射激光束的发散角至少为若干个衍射极限,即百万分之几个弧度,仅仅传播1千米远的光束光斑直径就不会小于几个厘米。在这样的近距离上实现激光打孔,就需要使用几十万瓦平均功率的巨大的激光器,以及极其精密的光学系统。这样高指标的激光器,在当时也是无法实现的。

连着两条路都走不通,该怎么办?孙承纬陷入深深的思索:无论是利用脉冲激光的冲击效应,还是准连续激光的烧蚀效应,都对激光器、光学系统以及激光大气传输提出了几乎无法实现的技术要求。现实情况是,必须寻找一种对辐照参数要求不是很高的作用机理。既然熔化所需的功率密度达不到,那么能否通过其他作用方式实现毁伤呢?他又一头扎进了文献的"海洋",寻找答案。

此时,在孙承纬的引荐下加入专题组的陈裕泽等人,已经对简单结构的强激光破坏机理进行了不少探索性研究。他们发现,受力结构被激光辐照后虽未完全破坏,但受照区域出现热软化、强度大幅度下降。所形成的薄弱点在薄壁结构内外部应力作用下就可能扭曲或断裂,从而实现"牵一发而动全身"的破坏效果。

这些实验使孙承纬豁然开朗,他击掌大笑:"打蛇要打在七寸处!我们总算找到这个七寸了!"孙承纬认为,有些薄壁结构内部产生高温高压气体,就成为受力结构,就有"七寸"的位置。使用激光加热这个部位,使其升温软化、强度降低,该结构可能在其内部高温高压气体膨胀作用下爆裂破坏。在进一步完善分析之后,他提出了激光对结构物效应的热－力联合作用新机理。

在当时条件下,虽然明白了激光效应发生的作用机理,如何进行实验验证仍是一道难题。预备性实验只需要较大能量的准连续波激光器,可以到华中理工大学实验室的万瓦级二氧化碳激光器上去做。然而,一定作用距离的实验各方面条件要求都较高,还要继续考虑。

在二氧化碳激光器上的实验之前，孙承纬建议使用饮料易拉罐充压，制成压力容器作为试验靶，同时使用气焊的乙炔氧火焰模拟激光加热作用，进行最初的模拟实验。氧炔焰和二氧化碳激光两类实验都得到了预想的效果，外部加热和内部压力联合作用对实验靶造成了破坏。1994年5月，孙承纬带领课题组在某试验场使用小型固体激光器，再次进行联合机理效应实验取得完全成功，大大增强了他们进一步跨越的信心。

这些实验意味着，孙承纬关于利用激光的热－力联合作用机理实现破坏效应的想法是切实可行的，对于激光技术主题重大技术途径选择以及一系列技术集成实验的开展，起到了重要作用。他个人也被国防科技工业局评为"863计划"工作先进生产者。

1994年1月，孙承纬开始担任激光技术主题专家组成员，刘绪发接任了专题组的工作。结合当时的国情，他们提出开展技术集成实验的创新技术发展思路，推动激光技术主题由各专题单元技术攻关向主题集成系统迈进，将激光的热－力联合作用机理应用到更大更真实的实验场景，成功指导、布置了一系列重大实验。

1995年10月，在某激光靶场上，一场影响深远的实验正在开展。靶目标起动数秒后，万瓦级连续波激光束从远处发射过来，在靶目标外壁上烧出一个筷子般粗细的浅坑。在靶目标内部强大压力的作用下，顷刻间薄壁从浅坑处被冲出一个2～3厘米直径的大洞，靶台上立刻火焰腾空浓烟四起，被破坏的靶目标在自身已失控冲力的作用下倒地乱窜。在荧屏上看到这一景象，现场参试人员爆发了热烈掌声和欢呼声，实验效果超出了他们的预想！

随后半个月里，孙承纬指导实验队相继为国防科工委及中物院和中国科学院的领导作了多次效应演示实验，全部获得成功！激光的热-力联合作用机理的可行性得到了充分验证，激光技术主题的工作获得了高度肯定。

王大珩先生观看演示实验后，在总结大会上十分激动地说："实验的成功是两个胜利，一个是物质胜利，另一个是精神胜利。物质胜利是指实验非常过硬。过硬的成果来之不易，表明整个实验过程坚持科学性，扎扎实实，步步为营。这次试验使激光主题整体工作上了一个具有历史意义的台阶。精神胜利，体现了你们自力更生、艰苦奋斗、无私奉献、团结协作。"

工作的价值和意义得到了王大珩的充分肯定，令实验队员们振奋不已。接下来，他们带着老一辈科学家的殷殷嘱托，朝着更远的目标前进。

1996年2月，国外一则报道引起了孙承纬的注意：美国与以色列联合进行了一项"鹦鹉螺"实验，用强激光束拦截了飞行中的喀秋莎火箭弹。素来对国外的类似报道比较敏感的孙承纬觉得，这是激光辐照效应的联合作用机理的另一种形式。他进一步指出，这项试验是用激光加热战斗部的钢壳，通过热传导使其内部炸药局部受热，在一定条件下可导致炸药的热爆炸。这些都是以前研究激光引爆炸药时熟悉的，他很快得出了理论的起爆判据和参数。他随即在激光效应专题中建议了相应的研究课题，并指导具体实验，提出意见和建议。只要一有空，孙承纬就到靶场与课题同志们一道"摸爬滚打"。这项研究历时两年，充分利用了以前激光引爆炸药研究的经验，获得了较好结果，成功支持了以后几年内进行的几次难度极高的大型外场试验。

那几次外场实验在孙承纬的指导下，"弹"无虚发。中国工程院院士、激光技术领域资深专家赵伊君在观摩后感慨地说："以孙承纬为首的机理研究的同行们，来得快、想得宽、做得深，后发先至。取得的机理研究成果之大，主题演示试验做得之好，效果如此壮观，是我没有料想到的。我原来还真为他们捏过一把汗。现在我钦佩老孙和他的同事们，做了这么好的工作和贡献。"

2003年，由于对集成实验工作的贡献，孙承纬荣获国家科技进步奖二等奖。中国工程院院士、"863计划"激光技术主题（领域）第二任首席科学家杜祥琬这样评价道："他（孙承纬）建议的热－力、热－爆炸等联合作用机制，取得明显降低激光参数和提高作用效应的结果，圆满完成了一系列重要实验任务。他带领出来的激光效应研究团队一直保持着思维活跃、勇于创新的朝气，成为国内强激光高技术研究领域的一支重要力量。"

21世纪初，激光技术领域的主激光器研制获得了突破性进展。随后，孙承纬指导赵剑衡、谭福利等多次开展相关实验，充分掌握集成实验所需的数据，最后完成了技术集成演示实验，圆满达成了本领域立项时提出的奋斗目标。

孙承纬认为科学技术是一个整体，探索走过的每一步都有其价值。在寻找可行的激光辐照效应机理之初，孙承纬等人就对脉冲激光的力学效应进行了研究，虽然证明这并不适用于激光技术主题的应用场景，但他们认为开展激光层裂实验的学术积累并没有付诸东流，反而引导孙承纬把目光扩展到更大范围的材料动力学基础研究上来，将激光的力学效应实验与材料动力学研究结合起来，开启了高应变率加载下材料动态损伤实验的研究之路。

1990年前后，为了系统研究金属材料从动态微损伤扩展为层裂的完整过程，孙承纬指导学生庄仕明等对脉冲激光引起金属材料的动态损伤及层裂问题进行了大量的实验和理论研究。这是一个多物理场耦合的复杂动力学问题，需要对各环节建立准确的物理和计算模型，才能获得可与实验对比的结果。

当时个人计算机功能十分有限，还是稀缺设备，开展数值模拟即SSS程序结合成核生长（NAG）模型计算，要从位于广元市剑阁县马灯乡的流体物理研究所（被大家称为"老点"）坐车前往绵阳的西南计算中心。坐车单程得三四个小时，他们通常是周一去周六回。只要时间允许，孙承纬也会去。学生们常常念叨着，"只要孙老师一道去，就可以少些晕头转向，分析计算也会顺利很多"。做数值模拟除了得结果时的喜出望外和成就感，大部分时间都是搔头挠耳、枯燥无味的。工作常常陷入死胡同，原地打转，经常遭遇挫败。孙承纬总能一针见血地指出问题之所在，鼓励学生主动思考、努力突破。

孙承纬还建立了一个材料层裂强度与加载应变关系的理论模型。这项研究最困难的是实验后显微观察样品的制备。由于高功率激光脉宽不可能大于纳秒，激光层裂实验铝靶厚度必须在 0.1 毫米以下，光斑大小也是这样。实验回收靶片需要磨片制样后在显微镜下观察照相。然而，夹在厚厚的环氧树脂之间极薄的靶材中存在微损伤区域极窄，打磨制样时经常被磨掉而失败。好不容易实验打出来一个损伤区域图像，不当心就被磨掉了。当时，激光实验后回收的大部分铝靶片，都因磨片失败就什么都没看到。

实验做完了，实验结果却始终观察不到，真令人沮丧。正当大家一筹莫展之际，找到了成都某厂金相分析外协的力量，终于观察到了实验靶材中损伤演变为层裂的情况。

然而，这个变化极为快速的过程，仅靠很窄脉冲的激光做实验是很不充分的。对于这个难题，孙承纬提出了研制新加载工具——二级电炮的设想，成功地使原先只能发射高速塑料膜飞片的电炮，可用来驱动较低速的亚毫米厚度金属飞片。采用这一方式，进行毫米厚度金属靶板的层裂实验，样品磨片变得很简单，研究内容和范围更加丰富。这个创举，受到了国际同行的高度认可。

1993 年，孙承纬在国际理论与应用力学联合会北京冲击动力学会议上作了"高应变率下金属的动态损伤"报告。这些工作引起圣地亚国家实验室专家格瑞迪（Grady）的重视，他盛情邀请孙承纬撰写国际专著《固体的高压冲击压缩Ⅱ》中的第三章"高应变率下金属的动态损伤"，孙承纬欣然答应。该书出版后，得到该领域科研人员的深度关注。

对孙承纬来说，每个阶段成就都是过往，他始终眼光向前，关注爆炸力学前沿进展，并结合自身工作需求进行跟踪。2001年，他再次关注到美国利弗莫尔国家实验室在欧米伽激光器上开展的新实验，以及提出的激光加载下材料高压等熵压缩新概念。借鉴这一思路，孙承纬指导学生李牧等率先在国内利用气库膜射流进行激光准等熵压缩实验研究。

当时，流体物理研究所只有一台100焦的高功率固体激光器。这台激光器的加载功率能达到实验要求吗？这存在太多不确定性。李牧向孙承纬表达了自己的疑虑和担忧，但孙承纬认为，"还是值得去试一下的，成与不成，用事实说话"。他鼓励研究团队在这台100焦激光器上进行激光驱动准等熵压缩的实验探索。他不断出谋划策，指导团队实现了国内激光驱动准等熵压缩实验"零"的突破——2010年发表国内第一篇这方面的文章：

《激光驱动准等熵压缩探索性研究》。

在孙承纬的坚持下,这次实验得到了一个接近于准等熵的曲线,建立了详细的激光直接烧蚀气库膜的物理力学模型和样品准等熵压缩模型,获得了这种实验过程的详细信息。2010年,李牧团队在高功率激光设施神光Ⅲ原型装置上成功完成了国内首次正式的激光等熵压缩实验,更是在国际上首次给出了气库膜射流空间分布和速度特性。李牧深深地感慨:"团队的气库膜方案,每一步的仿真是做得非常到位的,才有了现在的成功,都是来自孙老师对我们的严格要求。"

随后几年,李牧团队在神光系列激光装置上进行了诸多实验。孙承纬从实验细节到如何带领实验团队等各个方面都给予了细致的指导,并亲自到现场观看、等待实验结果。通常在实验前一天晚上,孙承纬会给李牧打一个小时左右的电话,事无巨细地对每一个要点都反复叮嘱。实验当天,他还会专门从上海市区跑到嘉定来参加班前会,给大家鼓鼓劲儿:"大家别紧张,我们的前期准备工作做得扎实,每个环节都精心筹备,实验一定能够顺利完成。"

在孙承纬的指导和帮助下,研究团队取得了不错的成绩。正如杜祥琬评价的那样:"他们在神光Ⅱ高功率激光设施上，率先做出了激光等熵压缩实验和单晶铁相变在线多幅 X 射线衍射诊断实验，带动了国内激光材料动力学研究。"

从更为宏观的角度上看，孙承纬将激光准等熵压缩作为一种新的高能量密度加载路径，提到重要的研究方向上来，意义非凡。从最初的理论分析，到实验上得以实现，再到对材料压缩开展研究，终于获得了国内外同行认可的结果。对此，孙承纬曾感慨地说："我们 20 多年来追求的东西是有道理的，不是偶然得来的。"

"搞科研,不交流、不写文章是不行的"

激光辐照效应是一个学科门类广泛、综合性强的技术科学领域，也是一个随着激光器的发明而产生、发展的新兴领域，除了广泛应用的激光加工技术外，没有成功的先例可循，没有现成的路子可走，有的是更多的不确定性、更多的未知数。如何因势利导、促进协同攻关，使专题组各单位成员尽快熟悉工作、达成共识通力合作，这是专题组长孙承纬十分重视的问题。

在孙承纬的倡议下，激光辐照效应专题每年召开一次学术会议，即一年一度的激光的热和力学效应学术会议，即在专题组内部工作会议的同时，召开一个专题科研人员都来参加的领域学术年会，会议内容既有可交流的专题研究工作，也包括本领域的热点、前沿性学术问题。

1989年4月，首次"激光的热和力学效应学术会议"在成都召开。会上，孙承纬作了题为"强激光与物质相互作用及破坏机理"的大会报告，介绍了强激光束杀伤或破坏靶目标有关学术问题，论述了激光热效应和冲击效应并涉及激光等离子体和激光吸收机制等内容，引起了与会专家们的热烈讨论。随后，专题的各个课题负责人报告了本课题一年来的理论和实验研究成果以及研究中发现的新问题、新现象，提出下一步研究设想。

孙承纬组织专题专家组议定下一年的研究目标和方向，提出相关的具体要求。

正如孙承纬所强调的："搞科研，不交流、不写文章是不行的，就好像人每天不锻炼一样，不利于成长。"一年一度的学术年会，就是一个很好的促进和锻炼机会，不仅能增进相互了解、加深合作，也能对大家的研究工作进行检验和比较，充分调动专题各单位、课题和成员的积极性和主动性，推动激光辐照效应研究不断深入发展。

无论是老专家还是年轻人，凡是对学术问题有一己之见的，都可以在会上宣读论文、作报告和发言讨论。孙承纬认为，学术报告要讲大家不知道的"新东西"，要让听会者有所收获。每一次作报告，他都会"挖空心思"地讲一些"新鲜"内容。在他的带动下，历次年会上总是"干货"满满，既有发人深省的精彩学术报告，更有"针尖对麦芒"的激烈辩论。

这一年会连续召开了十多年，国内激光领域的诸多著名专家、学者都贡献了颇具价值的论文，总数多达千余篇，为该领域的后续发展提供了宝贵的资料。会议不仅有效地推动了激光效应专题的发展，更是倡导了积极思考、大胆创新、主动探索的学术风气，营造出活跃的学术氛围，为青年人才的培养提高提供摇篮。

除了组织专题的年会之外，孙承纬还担任了以西北核技术研究院为依托单位的"激光与物质相互作用国家重点实验室"第一届的学术委员会委员，对该重点实验室的学科布局、工作目标和研究方向提出了诸多切实有效的指导。

2010年，该重点实验室发起首届激光与物质相互作用国际会议（LIMIS）。因筹划时间短、筹备工作紧张，在会议首次筹备工作会结束的当天，重点实验室副主任王立君在出差的火车上将会议的考虑编成短信发给孙承纬，希望能得到他的支持。原以为孙承纬会等些天回复，结果短信发出去不到半小时，孙承纬就给王立君打去了电话。

那次通话，在火车车厢"咣当、咣当"的撞击声中，在列车通过隧道时气流的一阵阵啸叫声中，反复接通了三四次才算完成。电话中，孙承纬推荐了国内外的许多专家，并对每位专家的学术研究领域进行了详细的介绍，给出了联系方式。后来，王立君得知那时孙承纬的眼睛由于长期大量的阅读，有部分区域失明时，十分动容地说："手机的字都不大，那时的屏幕又小，想着他一手摘下眼镜、一手按键，翻看我发给他的冗长短信、翻看自己通讯录的样子，我很是感慨。"

在孙承纬的大力支持和实际参与下，首届激光与物质相互作用国际会议在长春成功举办，会议设置了激光辐照效应、激光等离子体物理、激光光谱技术与应用、高功率激光器等专题，国内外近百位科技人员与会交流了九十多篇报告。

孙承纬所作的"激光辐照对物质的效应"（*Effects of Laser Irradiation on Matter*）大会报告受到与会者的广泛关注，他还参加了激光辐照效应专题的交流，在会议茶歇时被年轻的科技工作者和研究生们团团围住请教，他耐心地解答、谈自己的看法，连一口水都无暇喝，甚至在会议结束的路上还不断有人与他攀谈。

在激光与物质相互作用国家重点实验室十多年的建设与运行中，只要时间安排得开，孙承纬都尽量参加实验室学术委员会会议、基础研究课题规划与执行评议会议，研讨发展规划，在诸多项目的具体研究方法和工作思路方面给予了切实有效的指导。从宏观规划和学术定位上，他提出："有些东西都是影响比较大的应用基础研究，做这些工作需要很有眼光，在看得准、抓得着的基础上去做。我们重点实验室也应该把精力花在对长远来说有影响的这种问题上面"。对于基础研究课题设置，他更是对存在的问题直接提出质疑："有些事情表面上看，好像很容易变成一个很系统化的基础研究课题，你尽可以将它当基础、应用基础问题去做；但要认真考虑是否应投入大量人力物力去做、当一棵大树去培养。"在具体研究过程中，他强调不仅要注重实验数据的获得，更要注重规律、方法的研究，从机理上搞清楚。孙承纬的话往往鞭辟入里，实验室的成员都对他非常尊敬。

在全力搭建学术交流平台、为学术互动添砖加瓦之时，孙承纬也未曾停下笔耕不辍的脚步，投身于该领域的专著撰写之中。

2000年左右，"863计划"即将完成原定的研究目标，进入新的发展阶段。为了对前期有关研究工作做出系统整理和总结，为今后激光效应研究的深入发展提供更多的支持，激光技术主题专家组决定编写一套高技术激光科技丛书，《激光辐照效应》是其中的一本。这与孙承纬的想法不谋而合。

作为激光技术各种实际应用的基础和桥梁，激光辐照效应是发展激光器、激光加工、激光军事应用、激光聚变、激光安全防护、激光医疗和生物工程等高新技术必须考虑的基础问题。国外20世纪70年代出版的激光效应专著内容较窄，对研究工作的指导意义不大。在多年研究的基础上，特别是在激光辐照效应实验方面积累大量经验之后，孙承纬认为，编写国内第一本激光辐照效应专著，可以成为国内各有关单位增进了解、促进深入研究的重要手段，有利于今后青年科技人员的学习和学术水平的提高。

于是，孙承纬着手编写专著的提纲。激光辐照效应研究涉及很多学科、很多技术，当时基本上没有可供参考的书籍，要靠自己研究的积累及国内外大量文献资料的调研。同时，专著不同于学术论文或科研工作报告，要阐述的是整个研究领域的系统化、条理化的知识结构，把诸多研究结果串起来追根溯源，由点及面、由源到流地进行概括、总结、凝练和提高。工作量大，涉及面广，需要倾注大量心血。

孙承纬负责撰写该专著的前三章，主要阐述物质对激光的吸收与反射特性、激光对固体材料的热效应以及激光气化与烧蚀引起的力学效应，内容篇幅占了全书的三分之一。在编写过程中，他广泛阅读专业文献资料，数量之多令他的学生和同事们咋舌，半夜读书、写稿更是家常便饭。如他所说"我们这种工作没有加班不加班的问题，不管在办公室还是在家里，你有空就得做事，没有加班的概念。写稿子的事，往往在晚上甚至半夜里效率最高"。

那时，孙承纬的初稿都是手写完成。撰写一两章的内容，手写稿摞起来就有一本书那么厚。稿子誊清后由夫人陶洁贞帮忙做计算机录入。孙承纬担心公式录入中会出错，就请陶洁贞专门学习希腊字母的输入以及各类公式的排版方法，稿子打印贴图后，自己再从头到尾地校对一遍，确保不出现数学公式的转录错误。

孙承纬作为主编，还负责全书的统稿工作。他以极其认真的态度，投入了几乎与写稿同样多的精力，对各章行文逻辑、风格和文字进行修改、连贯和统一，对内容予以斟酌取舍，去粗取精、去繁就简，使整部专著能以更好的面貌呈现在读者面前。2000年5月，孙承纬完成了第一次统稿，随后又经过反复的审稿修改，于2001年11月最终定稿。专著全稿前前后后大改了三次，小改更是不计其数，有的章节虽说是修改，实际上就是重写。

关于该书的命名，孙承纬几经斟酌。刚开始决定编写一本叫"激光的热与力学效应"的书。后来在编写过程中，有人提出还有很多光学和光电子学效应，比如光电器件的破坏问题、激光等离子体过程等，都属于激光辐照效应领域。这样就觉得书的名字涵盖范围应该广泛点，于是改成了"激光辐照效应"。

后来考虑到激光照射对生物体的复杂作用及应用，孙承纬将激光辐照生物效应也纳入专著。最后这本书共分为九章：物质对激光的反射和吸收特性，激光对固体材料的热效应，激光气化和烧蚀引起的力学效应，激光与等离子体的相互作用，激光热应力和升温对材料性能的影响，激光辐照引起结构的响应、变形和破坏，激光对光学材料和光学薄膜的损伤和破坏，激光对半导体材料和光电探测器件的干扰、损伤和破坏，激光辐照生物体的效应。

2002年1月《激光辐照效应》一书出版，深受有关单位和读者的欢迎，不少科研同行都将其作为基本参考书，首批3000册上架后不到一个月便销售一空。有些单位希望能够再提供一些，流体物理研究所就将自留的书册全都贡献出来，后来人员只能看复印本。

鉴于激光辐照效应研究的跨学科性质，至今也没有哪所高校专门开设这一课程，因此这本书也可以作为激光物理、力学、工程热物理、光电子学、激光效应、激光加工和激光医学工程等专业的参考书。正如杜祥琬在《激光辐照效应》一书的序言中提到的那样，"这本书系统地阐述了当代激光辐照效应领域中的理论和实验结果，总结了十多年来中物院、中国科学院、航天总公司和有关高等学校的科学家们在'863计划'激光技术领域的支持下所获得的研究成果。它概念准确、理论严谨，充分反映了本领域的近代进展，为今后激光辐照效应的深入研究及实际应用提供了重要的参考和指导"。

对于在流体物理研究所从事激光辐照效应研究十余年的金云声来说，这本书是他进入这项工作的"敲门砖"，是桌边常备参考书。他说："我刚参加工作时，国内外激光辐照效应方面可供参考的书籍非常有限。《激光辐照效应》包含了大量的专业基础知识，无论是研究还是应用都是可以参考的。同时，它还是一本具有开放性的书。它以国内外的专业文献资料为基础，充分反映激光辐照效应现有的研究进展和深入程度，我们能够从中看到很多方向，为下一步的研究提供很好的思路。"

此外，孙承纬还完成了《高技术要览（激光卷）》第12章"激光的热和力学效应"的撰写和统稿工作；为《高技术辞典》撰写了"激光支持的燃烧波和爆轰波"等条目；指导制定了国内第一个激光辐照效应实验方法的国军标。孙承纬用他孜孜不倦的思考，为激光技术领域留下了很多宝贵的学术财富。

为了实现电磁发射技术的"三高"

20世纪八九十年代之际，电磁发射作为一种新概念动能发射技术，一度受到美国"星球大战"设想的青睐。与常规身管火炮技术相比，它具有射速高的潜在可能。电磁发射技术可分为电磁轨道炮、电磁感应线圈炮和电热化学炮等类型，这"三炮"因其各自的特性，在不同方面各领"风骚"。美、苏、澳等国都投入一定力量进行应用基础研究，探讨应用于高速碰撞试验的可能性。

自20世纪70年代后期以来，由于爆炸磁通量压缩发生器（MC-2型）研制的导引，流体物理研究所103室有两个组开展了相关技术研究，开启了流体物理研究所高功率电脉冲技术的漫长征程。孙承纬作为室主任分管这块工作，在深入调研分析了相关文献资料后，根据现有条件，他认为等离子体电枢电磁轨道炮作为超高速发射实验装置的可能性值得探索。就这样，孙承纬和龚兴根、周之奎等人迈出了国内电磁发射研究的第一步——研制原理性电磁轨道炮实验装置。

他们在加工车间里，用牛头刨将紫铜棒加工成30厘米长、截面积1平方厘米的两根轨道，再加工两块3.5厘米厚的有机玻璃板，通过多个大螺栓紧紧夹住两根轨道做成炮体，并形成方形截面的炮膛；0.6厘米见方的聚碳酸酯长方体弹丸长度为0.8厘米，就像一颗方形的

"大豆子",其截面与炮膛紧密配合,确保不会漏气。他们再将0.05毫米厚、弯成U形的紫铜箔条紧挨着弹丸底面,两翼牢牢卡在两根轨道的入口端,这就构成了"等离子体电枢"。这个轨道炮装置的电源由28台实际储能43千焦的电容器组,以及自制的储能电感、主开关、断路开关等部件组成。就这样,我国第一台电磁轨道炮实验装置正式"面世"!

轨道炮安装完毕后,孙承纬等人怀着又兴奋又惴惴不安的心情,进行预备实验。出乎意料,预备实验得到的弹丸出口速度很不理想,跟前期所做的理论预测值相差很大。他们拿着实验示波器图仔细分析后发现,原因在于轨道炮发射期间电枢等离子体很强的膨胀力驱使炮膛扩张,弹丸与轨道之间出现较大间隙,从而使电枢等离子体"漏气",导致很多能量"浪费"。这促使他们注意改进加工装配中的种种"细节",让炮膛工作时贴合得更为紧密。

1986年11月,改进了的首台原理性轨道炮实验装置进行首次正式发射实验。孙承纬拿了一块约10平方厘米大小、5~6毫米厚的钢板,放在轨道炮前面作为靶板。同事高顺受怀着忐忑的心情按下了放电开关。这一瞬间,在电枢等离子体(电弧)强大压力作用下,弹丸沿着轨道间的炮膛射出，达到了与理论估算接近的1.58千米/秒的高速度！就这么一个小塑料弹丸，居然一瞬间就把钢靶板打穿一个形状与弹丸截面一模一样的方孔！虽然大家已见过诸多文献上的实验报道，但身临现场亲眼看到这一猛烈情景，仍令孙承纬和同事们震惊不已。大家击掌相庆，觉得电磁发射是一类很有道理的新技术，更加坚定了发展电磁轨道炮技术的信心。

通过电磁发射技术的初步实践，孙承纬提出要做到"三高"目标——弹丸出口速度要达到"高速度"、装置的能量转换要达到"高效率"、炮体的加工制作要达到"高精度"。这"三高"目标实际上是环环相扣、紧密相关的。

将实验后的炮体拆开检视，并参考计算数据，孙承纬等人发现轨道炮膛内电枢等离子体温度高达2万～3万度以上，压力达5000～7000大气压，弹丸运动与轨道间存在强烈摩擦、烧蚀或刨蚀，炮体结构遭受明显破坏。轨道表面坑坑洼洼，像个"大麻子"。他们把轨道拆下清洗，换个表面手工磨平后可以再次使用。无论如何打磨，做过三次实验、被严重破坏的轨道就不能再用了。显然，解决能够多次重复使用的轨道、炮体的材料和结构问题，十分关键。课题组想了很多办法，试验过紫铜、磷青铜、黄铜、钨和钼等金属轨道材料，还有渗铜钨、铜/钢爆炸复合材料等，但成效不大。

他们只好把这个难题暂时放在一边，先把精力用在优化发射效率上面。随着研究的深入，课题组研制的轨道炮越来越长，从30厘米发展为60厘米、1米、1.5米以至2米。当时团队能够利用的加工机床就是流体物理研究所的牛头刨床和中物院的龙门刨床，加工精度远远不够。为了防止细长的轨道发生加工变形，他们想出了人工修正办法，提高了轨道炮的性能和实验效率，也有效节省了科研经费。

轨道炮运行虽然只是毫秒量级的一瞬间，是伴有强烈电弧烧蚀的等离子体磁流体力学过程，包括的电弧加热、烧蚀、刨蚀以及材料高温变形降阶等问题至今没有解决。为了厘清运行中主要的物理过程，孙承纬根据文献中指出的公式进行推导分析，编写了一维等离子体电枢轨道炮程序，可用于计算电弧的速度、对弹丸的推力以及电弧长度的变化等主要参数。为了表示对原参考文献研究成果的尊重，他将这个程序命名为 C-PARA，即表示中国根据文献中的 PARA 模型编制的程序，C 就代表 China。

1988年，两弹元勋王淦昌先生来到大山沟里的流体物理研究所，直接找到孙承纬，要看轨道炮实验。当时全国做轨道炮的只有孙承纬这个团队，对王淦昌来说，这是很"新鲜"的一种技术。他在看了孙承纬撰写的相关报告之后，非常感兴趣，就在百忙之中专门坐了几个小时的车，跑一趟来看轨道炮实验。

在流体物理研究所这个简陋的实验室中，孙承纬向他汇报了轨道炮实验装置研制过程。王淦昌手上拿着直径4～5厘米的圆形靶板，看得很仔细，问这个靶板是怎么打的，又从专业的视角细致地审视了轨道炮的结构，询问轨道炮驱动弹丸击靶的具体作用过程。孙承纬做了详细解释。王淦昌边看边听，频频点头，连连说道，"很不错，很不错"。随后，孙承纬做了演示实验。看到弹丸击穿靶板的情景，王淦昌颇为惊讶，更是对轨道炮研究所取得的成绩大加赞赏。

在随后的数年间，孙承纬等人通过数值模拟和实验研究，建造800千焦大电源，发展新型炮体结构等，研制了多种小口径电磁轨道炮，驱动弹丸击靶的能力不断增强。

1991年，在课题组成员的共同努力下，终于实现了电磁轨道炮实验历史性的成就！在这次实验中，电磁轨道炮将质量为1.27克的聚碳酸酯方弹丸以5.1千米/秒的出口速度发射，击穿了3厘米厚的钢靶板。在弹丸侵彻刚到一半靶厚之时，靶板后面一大部分被反射的应力波拉开了，直径2～3厘米的通孔边沿都化成铁水，像拉丝糖稀一般流淌下来。这场面太震撼了！孙承纬不禁感叹："虽然只是个小小的聚碳酸酯弹丸，比低速的枪弹厉害多了。"时至今日，这仍是我国电磁轨道炮发射所达到的最高弹丸出口速度。国际上最高速度纪录约为6千米/秒。

轨道炮炮膛不能设置来复线，小型弹丸的外弹道速度很难准确测量。对于这个难题，孙承纬凭借丰富的实践经验，用氙灯光源、长条反射镜和转镜高速相机搭成了十分精确的外弹道光测装置，不仅小弹丸的时空轨迹，就连其前方空气中的脱体冲击波轨迹也照得清清楚楚。

随后数年时间内，孙承纬指导学生宋盛义再创了固体电枢轨道炮的"新高"，发射弹丸速度达到了每秒2.7千米，能量转换效率达到了令人咋舌的22%；每发弹丸着靶点距离靶心的偏差不超过0.2毫弧度，相当于每发弹丸发射角的偏差不超过0.01度；每发弹丸之间的速度偏差低于3‰。当真可称得上快！狠！准！这"三高"的数据指标，在21世纪初国内小口径固体电枢轨道炮中首屈一指！

同步的，针对大质量弹丸的高效率电磁发射的需求，孙承纬指导高顺受课题组，在西安电子科大王德满教授帮助下，研制成功了我国第一台三级重接线圈炮，驱动1千克铝筒弹丸达到100米/秒的出口速度，打穿了很厚的木头靶板，相比于国内其他单位后来研制的线圈炮装置，这个三级线圈炮结构简单轻巧，弹丸出口速度高了2～3倍。

经过对电磁发射技术多年的深入学习和研究，孙承纬认为目前的电磁发射技术自身存在物理原理障碍或技术瓶颈导致的"天花板"，难以成为实用的装备。突破这些"天花板"是等离子体物理、材料科学和结构力学领域的艰巨工作。在当前见不到突破前景的情况下，电磁发射装置应该扬长避短，譬如采用与传统身管发射技术相结合途径的电热化学炮。这种装置采用常规火炮的炮身和弹丸，但炮弹的发射药和底火则采用特殊的"火药"和等离子体注入点火器，利用专门加入的电能增强发射药的燃烧，提高弹丸的出口速度。

他与周之奎、宋盛义等开展了一系列探索，利用一根长2米、口径为23毫米的钢炮管，建立了国内第一台电热化学发射装置。随后，他们又研制了23毫米口径的电热化学炮，成功将20克质量弹丸发射达到1.8千米/秒的速度，完全贯穿了足足3厘米厚的钢靶板。

通过对电磁轨道炮、重接线圈炮、电热化学炮这

"三炮"较为全面的论证和比较，证明了电热化学炮确实具有成为实用装备的明显优势。1993年2月，国防科工委军兵种部陆军局总工程师隋文海在华东工学院（今南京理工大学）组织召开了全国电磁发射技术专家组成立会议。孙承纬应邀参会并作了专题报告，介绍了电磁"三炮"的关键物理问题、流体物理研究所的相关工作、国内外水平和差距等。在细心的孙承纬的主张下，流体物理研究所前期开展的很多实验都留下了相应的影像资料，记录了实验的过程、击靶的状态等。他安排同事将这些资料编成的视频短片在会上播放。亲眼看见那么厉害的弹丸穿靶效果，现场顿时一片惊叹，参会人员震惊之余赞不绝口。

孙承纬在会上提出了关于研究方向的建议，认为研究电热化学炮的重要性和实际意义位于"三炮"之首。

隋文海听了报告之后，既感到震惊又恍然大悟，知道了电磁发射和传统火炮不是一回事，也了解了电热化学炮的实用价值。

在孙承纬的大力推动下，电热化学发射技术研究被列入国防科工委"八五"预研跨行业重点项目，确定中国工程物理研究院为本项目的牵头单位，流体物理研究所具体承担该项目的研究。

有了稳定且充裕的经费支持，团队对电热化学炮研制信心满满、充满期待。他再次提出这项研究的定位是实现"三高"——高速度、高效率、高精度。确定的初步指标是实现电热化学炮驱动 100 克质量的弹丸，达到 2 千米/秒的出口速度，弹丸动能约达 200 千焦。按比例计算，这相当于在现有坦克炮口径下，把炮弹出口速度提高 10%～15%，或者弹丸动能提高 20%～30%。

电热化学炮涉及等离子体电能和火药化学能的相互作用。孙承纬带着学生陈林想了个很巧妙的方法，设置一根中空的密布小孔的等离子体导流管，穿过火药体接近弹壳底部。当大电流激发的高温高压等离子体从中空管的小孔喷出，周围的火药会瞬间被同时引燃，促使火药充分反应，得到温度和压力更高的燃烧气体。

为了找到威力更大、低分子量的火药，孙承纬指导学生宋盛义提出了很多方案，开展了一系列实验，不厌其烦地对各种火药、各种弹丸情况进行实验，怎样能够达到更高的发射速度。

1997 年，孙承纬、宋盛义、周之奎等人研制的电热化学炮取得了成功！驱动 100 克质量的弹丸达到了 2.2 千米/秒的出口速度，发射水平达到国内领先；钨杆弹丸在靶道中飞行了 20 米后，成功击穿 10 厘米厚钢靶！

看到这些精彩的数据，大家都露出了满意的微笑。

在"三炮"研究攻关成功的基础上，宋盛义主持建成了国内首个电磁发射技术实验室，研究使用的软硬件不断完善，"麻雀虽小五脏俱全"，先进设施设备一应俱全，核心技术能力国内领先。

1999年5月4日，孙承纬被聘为"2020年前新概念武器发展战略研究"专家组成员，并负责电磁发射器发展研究领域的专题论证研究。在"十五"开局期间，为了进一步拓展深化电磁发射技术的研究，孙承纬希望能够将其归口在"863计划"中。为此，他组织了中国科学院电工研究所、合肥等离子所和南京理工大学很多专家，还邀请了严陆光、陈能宽等院士一起来论证。孙承纬带着几位年轻人写论证报告，从报告的结构、论据、结论等方面进行了深入思考讨论，反复斟酌，足足写了好几个通宵。随后召开了论证会，顺利地完成了论证报告。

2000年以后，电磁发射研究的组织体系发生变动，在这个大环境影响下，流体物理研究所的电磁发射研究基本停滞。当时有同志提出，电磁"三炮"没有项目支持，不如拆掉。孙承纬坚持不要放弃，认为现在虽然处于低潮期，但这项研究是很有价值的，必须保留下来，等待后续的发展。在"韬光养晦"五年之后，终于迎来了新的契机。

2005年某天,孙承纬来到宋盛义的办公室,很高兴地对他说:"电磁发射有可能要在'863计划'里面重新立项,你赶紧在以前的论证报告基础上,重新收集资料,重新递交报告,要再次组织论证了。"宋盛义也非常高兴,再次撰写了相关报告。孙承纬逐字逐句进行修改,加入了他的想法,并补充其中的不足,甚至连会议上汇报的PPT,他都一页页审阅。

功夫不负有心人,"十一五"期间,电磁发射技术被纳入"863计划",在应用方面进行了大幅度拓展。立项后,孙承纬被委以重任,担任国家"863计划"中某专题专家组顾问,承担电磁发射技术方向把关、技术指导等工作。

对于孙承纬在电磁发射技术研究中所作出的贡献,宋盛义表达了深深的敬佩之意:"我们应该是做电磁发射的首创单位,在国内是最早的;具体的技术层面,我们的高速发射和高效率发射在国内是领先者,占有比较重要的位置,多项技术和发射指标直至现在仍处于国内最高水平。孙老师这个领域的倡导者,是这支队伍发展壮大的推动者,从'十一五''863计划'立项以后,从2005年到现在,仍在推动着国内电磁发射技术的蓬勃发展。"

追逐"雅典娜"

武器物理实验室模拟研究大致有三种内爆实验手段，分别是炸药爆轰驱动、电磁驱动和激光驱动。20世纪90年代，国际上针对电磁驱动内爆技术开展了前沿探索研究，这让孙承纬产生了浓厚的兴趣。他敏锐地意识到电磁内爆作为一种内爆动力学实验的技术储备，具有极大的应用潜力，应该及时跟踪，开展实验研究，缩小与先进国家水平之间的差距。

孙承纬花了很多时间和精力进行调研。在查找资料过程中，他一贯秉持的原则是"决不放过任何一个可能的线索"，所以常常复印了一大堆资料，像宝贝一样地抱回去逐页挑选、仔细研读。

功夫不负有心人。孙承纬找到了一批非常值得注意的资料，其中最令他开心的是查到了美国的"雅典娜计划"！

雅典娜是希腊神话中的智慧女神和战争女神，她披金执锐，主宰雷电和乌云。美国"雅典娜计划"以此为名，是用以表征电磁驱动的高能量密度物理研究。孙承纬完全沉浸其中，花了数天时间仔细研读，恨不得把每个字母都"嚼烂"。在以前开展电磁发射研究的基础上，他已经认识到电磁驱动的威力和优越性，而这份让他如获至宝的材料，更像是在他面前拉开了一层屏幕，将电磁内爆的奥秘详尽地呈现于世人眼前。他暗下决心，我们要拥有自己的"雅典娜"，让智慧女神手中的雷电，变为具有中国特色的"劈空之刃"，在捍卫国家安全的领域中大放异彩。

孙承纬不仅自己将计划内容读到烂熟于胸，更是组织课题组成员对"雅典娜计划"进行翻译。希望通过翻译，大家能更深刻地认识到其中的关键要素，共同探讨，结合我们的现状吃深吃透。

宋盛义作为翻译工作的"主力军"，刚开始时觉得苦不堪言。他那时初次接触到该领域的外文资料，存在专业词汇不熟悉、译义不准确、表达不通顺等问题。孙承纬花了很多时间，对宋的译文逐字逐句地修改，帮助他了解文中的关键信息。译文完成后发给大家共同学习参考。

不仅如此，孙承纬还对有关的国际学术会议极为关注，他认为这是最直接最有效获取前沿信息的途径。那时，出国参会非常难得，而且还会受到诸多限制。有一次，孙承纬应美国定向能协会特邀，与两位同事一同赴美参加学术会议，但美领馆迟迟不给签证。经过主办方一再努力，成都美领馆才下发了签证，但彼时会议已经开始。孙承纬等人历经重重磨难才于美国洛杉矶入关，已经错过了当晚航班。次日中午 11 点赶到会议宾馆，孙承纬不顾旅途疲惫，下午第一个作报告，报告做得很精彩。当主持人介绍说 Prof. SUN（太阳）时，会场响起一片掌声和笑声。

正是由于机会的难得，孙承纬对每次参会都非常重视，带回来的记录总是厚厚数十页，让同事和学生们惊讶之余更是深感钦佩。他考虑到英语报告速度快，专门带了变焦卡片相机进行拍摄，获取更多的知识。在一次国际会议中，某位国外同行看到孙承纬在拍摄他的 PPT，就提出了抗议，不允许他进行拍照，会场主持人表示公开的学术会议是允许拍照的。孙承纬对此毫不在意，这次不愉快的经历只是学术交流中的小小插曲。

有一次，他查到三篇很有价值的文献，交给同事胡熙静研究员，让他看了之后写个调研报告。向来寡言少语的孙承纬并没有过多解释这么做的缘由。这三篇文献记载了当时最先进的电磁内爆相关内容，胡熙静对这个领域尚没有什么认识，虽然有点儿摸不着头脑，但是出于对孙承纬学术上的高度认可，很认真地看了这些文献，针对其中的技术路线在我国实现的可能性进行了分析，写了报告交给了孙承纬。他刚开始并不很理解，后来在工作过程中才越来越体会到这套东西的重要性。他一直认为孙承纬是我国倡导电磁内爆研究的第一人。

两年多时间中,孙承纬经常与课题组成员探讨电磁内爆的特性,应该怎样应用于武器物理研究中?通过反复"打磨",他心中越来越有数了——这条路径可行!

事不宜迟,他与周之奎、杨礼兵等先后撰写多篇关于电磁内爆研究的论证报告,不仅介绍了国际研究现状和动态,提出了我们自己开展研究路线,甚至详细规划了未来两年的研究重点。论证报告内容翔实、论证精辟,凝聚了孙承纬等人的大量心血。

短短一年里,孙承纬做了多次汇报,向院里申请电磁内爆研究立项。令他始料未及的是,虽然支持者占多数,认为"这个装置中样品大、测程大,测量精度高,投资也不多,完全可以做电磁内爆",但是当时这个研究在国际学术界开展仅仅十余年时间,国内了解的人不多。而且大家一直习惯于炸药内爆实验,突然更换了一种极为陌生的加载方式,不少人表示存疑,"看不清到底有多大作用,觉得太冒险"。甚至有人反对:"用炸药内爆都挺好,为什么还要搞电磁内爆?"更主要的原因是,在"看不清"的工作上面投入经费研究,万一不成功,会产生很大影响。

面对大家的质疑,孙承纬据理力争,在报告中一一进行了回答。在同样满足武器研制需求的前提下，电磁内爆的主要优势首先是能源装置可重复利用，贵重的炸药件只能一次性使用；其次是投资强度不高，在当时的财力情况下，电磁内爆是一种相对来说"经济实惠"的实验研究方式。

由于受到诸多因素的影响，全体与会成员始终没有达成共识。但只要是孙承纬认准了的科研方向，他就会持之以恒坚持下去。在一系列论证过程中，他早已从科研布局、人员设备调配等方面进行了谋划和准备，可以说是万事俱备，只待"东风"了。

恰在此时，美国洛斯·阿拉莫斯国家实验室主任黑格（Siegfried Hecker）到中物院访问和学术交流，院长胡思得亲自接待，和他进行了深入交谈，进一步加深了对相关研究领域的认识。在后面召开的院研讨会上，胡思得经过深思熟虑之后果断拍板，他说道："这电磁内爆的事情很多人都反对，不同意的原因就是'看不准'。有人认为看不准就不能上，我的想法跟你们相反，越是看不准的东西越要考虑，越是看不准的东西将来越可能出成果。"

很快，用于流体动力学实验的电磁内爆研究正式立项，院拨款290万元用于研制设备，开展跟踪性实验研究。至此,"固体套筒电磁内爆研究"正式拉开了帷幕。

孙承纬带领杨礼兵课题组一路艰难行进。首当其冲的是能源系统中的电容器组设计难题,一方面必须提供足够大的电压电流;另一方面实验室环境下能源系统只能安放在空气环境中,可是当电压高于25千伏时,在空气中的电容器容易发生"爬电""闪络"等慢放电现象,甚至发生电击穿事故,因而设计制造的难度很大。孙承纬对几种技术路线进行研判,确定了并联充电串联放电模式,既能够得到高电压的优势,又能克服高电压的弊端。在充分满足物理实验指标需求的基础上,又能很好适应环境要求,给装置研制来了一个"开门红"。

如果说能源系统设计只是一个"小挑战",那么开关系统就是最令课题组棘手的"大难关"。作为控制装置能量流动的"闸门",共有12路开关,在极短时间内承受高电压触发并同步放出大电流,这12路开关同步性越好,输出的总电流越大。他们对各种开关进行多路探索,其中爆炸开关显露出了导通性能高、结构简单等优势,被孙承纬"一眼看中"。于是,课题组成员投入许多精力研制实用的优质爆炸开关,从原理、设计到构型,全部都是大家一点一点摸索做出来的。这种开关后来被多方面广泛使用。

整个装置的设计安装都是靠课题组成员自力更生，这不仅是"脑力活"，也是"体力活"，拿着螺丝刀拧螺钉、推着小车拉器材，甚至连100多斤重的电容器都是肩扛手搬。那时孙承纬已经是花甲之年，虽然不再直接动手操作，但他经常到实验室看看，关注进展情况，指导杨礼兵等解决"疑难杂症"，往往数句话的点拨，就让他们豁然开朗；他也很心疼这些在他眼中的"孩子们"，在为大家加油鼓气时，一定叮嘱大家要注意安全。

孙承纬还组织有关成员在电磁内爆理论分析和磁流体力学编码计算方面做出了卓有成效的工作，先后编制了零维（slug）模型和准一维计算编码，完成一维拉氏磁流体力学程序改造等。这些计算结果可用来解释套筒内爆的物理现象，对实验进行预估，供实验诊断系统布局参考，同时也指导各项实验参数的调整优化。

经过两年多的辛苦打拼，1997年年初电磁内爆装置调试终于完毕。在开展测试实验时，实验放电波形呈现于示波器上，达到了预定的指标。看着这"美妙"的波形，杨礼兵兴奋不已，马上打电话给在外地出差的孙承纬，向他报告了这个好消息。孙承纬也甚为欣慰，在电话里连连称赞道："这么大规模的能源以前从没做过，比轨道炮大好几倍，这么大的架子、多路汇流，12路开关要实现同步，时间极差只有2微秒，很难的，年轻人真敢闯敢拼。"

在为装置成功深感开心之余，杨礼兵询问孙承纬该给装置起个什么名字，他略加思索后回答："就叫FP，意为Fluid Physics（流体物理），FP里嵌着咱们流体物理研究所（Institute of Fluid Physics，简称IFP）的简称。装置的名字要有意义，要符合它本身的物理过程和作用，它就是用于开展流体物理实验研究的。"在杨礼兵看来，这个名字蕴含着更深层的意义："孙老师觉得这个名字和流体物理研究所的历史传承相关。数十年来，流体物理研究所一直以开展流体动力学和相关物理实验研究为核心，当然这也是孙老师的主要工作和科研特点。"

FP-1装置是国内最先用于研究圆柱形固体套筒内爆规律的电磁驱动装置，也是国内第一台电流峰值达到4兆安的大型设施。

FP-1装置建成之后，孙承纬一如既往，对课题组成员再三叮嘱，一定要坚持实验与理论"齐头并进"，立足这两个方面开展研究：一是通过实验结果的表象挖深挖细，进一步探索相应的物理机理和材料物性；二是通过实验校核相应的数值模拟程序，促进程序不断改进，提升对实验的预估能力、推动装置参数设计优化，在实验和计算互相迭代印证的过程中，进一步揭示机理、深化认识。

课题组开展了一系列实验研究，研究结果令人瞩目。但其中最令杨礼兵印象深刻的，是一次偶然的"事故"。在某次实验完成之后，一看到装置中内爆后的负载，他目瞪口呆。按照惯例，内爆后在剩余放电下套筒应该完全气化，但是这次的套筒并未完全气化，留下来的部分表面坑坑洼洼的，卷曲得像个儿童胡乱捏出来的"烧麦"。为什么会出现这个状况？他想来想去，始终想不明白，只好拿着这个丑丑的"烧麦"去问孙承纬。

孙承纬拿着"烧麦"略一端详，就点出了其中的缘由："本来套筒应该保持圆形对称收缩，但假如驱动力不够强，加载时间较长，就会引起弹性波绕着角向来回转，有些波叠加后应力增强，就导致套筒的界面变乱了，被压成像个'烧麦'，这种现象叫作'屈曲'（buckling）。"

看着"烧麦"，孙承纬陷入了沉思：现在看到的屈曲导致的失稳属于固体力学范畴，而到了内爆后期，套筒会熔化甚至气化，那时候流体的特性就会逐渐突出，那么早期发生的屈曲会不会影响后面的变化？他越想越觉得这是一个非常有趣且有研究价值的问题,而当时在学术界对屈曲的力学规律认知还较为浅显,特别是涉及内爆屈曲方面的相关研究很少。他立即要求杨礼兵等专门开展相应的实验和数值模拟计算,探索套筒屈曲的发展规律。

根据孙承纬的指点,宋盛义、杨礼兵等人专门根据屈曲形成的原理进行了实验设计。由于当时缺乏相应的测试技术,无法拍摄到屈曲形成的过程,于是他们就降低电流、延伸运动时间,在内爆实验过程中专门创造条件,让负载不被汽化,使负载表面所产生屈曲状况被保留、回收下来。采用不同的实验参数,做了一系列物理实验,从回收的林林总总"烧麦"中分析获取数据。

拿到了直观的实验数据之后,孙承纬要求宋盛义进一步建立动力学方程,开展相应计算,模拟套筒运动中产生的屈曲效应。通过对实验、计算结果以及相关理论的分析比较,他们对于电磁加载条件下套筒内爆屈曲产生的原因、条件、基本规律等有了更深入的认识,知道了屈曲产生和发展的主要因素及其影响程度。

通过理论与实验相结合的研究,杨礼兵等人不仅对各类材料套筒产生屈曲的力学特性有了较为深入的认识,也有效地进行了套筒内爆实验的优化改善。针对如何设计装置参数以避免屈曲问题，孙承纬提了个建议："可以改变负载区的结构，使应变率不要那么高，应该能解决这个问题。"经过多轮实验验证，这种构型能够有效避免在固体套筒内爆中的屈曲问题。

在宋盛义、杨礼兵等人厘清了屈曲特性和规律的基础上，针对孙承纬提出的套筒内爆中早期发生的屈曲现象是否会影响到后期流体力学界面不稳定性的问题，他的学生孙奇志在2010年左右继续深入研究，通过两三年努力，取得很大进展，从实验上基本解决了早期动力学屈曲对后期内爆皱曲的影响问题，有效改善了高速套筒内爆品质，为实验的实际应用打下了坚实的基础。

回想整个研究过程，杨礼兵甚为感慨。他想起自己以前在炸药内爆实验中也曾遇到过类似情况，但是对于炸药内爆实验来说，重复性实验相当于要重新制作装置，成本极高，实验的重复性很难保证，于是没有进一步研究当时发现的异常结果。他认为，如果没有固体套筒电磁内爆这个有力的实验工具，可能就根本认识不到"烧麦"的存在；如果不是依赖于固体套筒实验重复性好的优点，对相关机理进行深入研究将会难上加难。思及此点，杨礼兵对孙承纬的学术远见表示了由衷的钦佩。

在后续套筒内爆实验中,用光学诊断办法可以看到加载的界面,内爆形态非常对称,界面一直是很圆很圆的,不会像炸药内爆那样,因对套筒加载的不完善而导致界面运动不稳定,甚至变得"乱七八糟"。套筒内爆让理论研究人员直呼"完美!"。

FP-1 的物理成果在应用上取得了阶段性进步,为物理建模和数值模拟提供了以前从未获得的证据,这样才促进了具有更大加载能力、更高套筒速度的后续 FP-2 装置建设,促进我国高能量密度动力学技术的迅猛发展。

"一定能说服老于"

在 FP 系列装置建设稳步推进的同时，科学家们认识到这类型的装置只能应用于大质量固体套筒内爆流体动力学实验、材料动力学性质和低温等离子体物理研究。武器物理还有需要用小质量固体套筒或等离子体套筒的高速电磁内爆实验模拟研究的内容，即高温等离子体与辐射流体力学以及材料高压压缩性质等。

1997 年前后，美国在固体套筒内爆和 Z 箍缩等离子体内爆研究上取得重要进展。孙承纬较早就了解了这些状况，原先论证电磁内爆项目时已包括了固体套筒和等离子体套筒（Z 箍缩）两个方面，后因批准的经费很少，只做了一台 FP-1 那样的"土"装置。当时打算等 FP-1 装置成功后，利用断路开关技术，缩短其放电电流的前沿，进行 Z 箍缩等离子体内爆实验。他曾对课题组成员提起："我们用美国洛斯·阿拉莫斯国家实验室的办法，在固体套筒内爆装置的基础上，加上等离子体断路开关，把电脉冲前沿缩短，可以做 Z 箍缩内爆。"他撰写了调研分析报告，针对如何开展套筒内爆和 Z 箍缩内爆的综合研究进行了论述。但在院里论证时却频频遭到质疑，没有通过。

等离子体内爆论证的推进陷入困境，该怎么办？这时，孙承纬想到了两弹元勋于敏。早在青海攻克原子弹和氢弹期间，孙承纬作为初出茅庐的"毛头小伙子"，虽然与于敏未有过直接的接触，但在开展实验研究过程中，也看了很多于敏亲笔写的报告，间接接受了很多于敏的理论指导；在后续的科研工作中，有了多次面对面的交流，特别是在"863"计划高技术研究和钝感炸药研究过程中，曾向于敏请教并得到他的肯定。孙承纬对他深厚的学识底蕴和宽广的科研视野深感敬佩；而且于敏素来待人和蔼可亲，大家都乐于称呼他"老于"，喜欢和他海阔天空地交谈聊天、畅谈自己的科研想法。

院里随后召开汇报会，孙承纬事前得知于敏要来的信息，做了充足的准备，在会上进行详细的汇报。于敏提出疑问，认为在实现内爆方面，电磁与激光相差甚远。他问孙承纬："激光实验里面最重要的是研究等离子体的不稳定性，你这个实验能做吗？"孙承纬对此早已胸有成竹，拿出准备好的一篇文献，又进行了详细的解释。于敏拿着文章仔细阅读之后，沉吟良久，但没有作出直接的回答。

就在短短几个月后，美国圣地亚国家实验室的Z箍缩内爆产生准黑体辐射取得重大进展，所获的黑体温度跃升到100电子伏，这次突破性进展预示着Z箍缩内爆的实用潜力大大提升，甚至有可能开辟武器物理实验室模拟研究的新境界。

看到这些研究成果,孙承纬非常兴奋,下定了决心一定要说服老于,也一定能说服老于!孙承纬坚信,以于敏的眼光,一定能够看透并认可Z箍缩内爆的价值。同时,凭借老于的学术影响力,一定能够推动该项研究落地生根发芽、开花结果。

1998年4月,在北京香山参加高技术会议期间,孙承纬专门找到于敏,对他说了圣地亚国家实验室的进展情况,Z箍缩辐射的黑体温度升了一倍,就相当于功率升了16倍。于敏想了想,说咱们干脆自己来算算吧。两人就随便找了个僻静的地方坐下来,于敏拿出随身携带的纸笔,根据文献中的数据,唰唰唰地计算起来。随着一行行公式和数据在笔下出现,于敏计算的速度也越来越快,紧皱的眉头慢慢舒展开来。虽然只是这么简单地用笔进行了计算验证,但结果明明白白地显示,文献结论是可信可靠的。于敏抬起头来,望着孙承纬笑了笑,说道:"我以前不赞成搞电磁内爆,但算出来的结果让我的想法有点儿改变了,看来电磁内爆等离子体产生高温辐射是有可能的。"

在初步认可的基础上,于敏保持一贯的谨慎态度,让秘书杨震华继续开展了深入的情报调研,进一步了解相关领域的研究进展。大概一年多以后,他经过深思熟虑专门写了封信给院领导,大概意思是:Z箍缩(或电磁方法)是可行的也是必要的,电磁方面也要关注。同时,于敏也联系了孙承纬,建议他面对这一前沿领域,先申请国家自然科学基金,着手开展相关探索性的基础研究,掌握相关技术之后再稳步推进、谋划后续发展。

得到了于敏的肯定和支持,孙承纬大为兴奋,立刻着手开展相关推进工作。1998年,孙承纬联合郑志坚、杨震华等,向国家基金委提出开展Z箍缩内爆基础研究的项目建议。1999年7月中旬,在北京参加国家自然科学基金会Z箍缩项目论证会上,孙承纬代表中物院做了申请论证报告,该项目获批,中物院与清华大学成立了Z箍缩内爆研究专家组,联合开展Z箍缩内爆研究,孙承纬作为专家组的成员之一,继续提出自己对这项工作的建议和对国外有关进展的分析,希望能对实际工作有所裨益。从此,他做的事情主要转向Z箍缩内爆等离子体的学术工作和资料调研综述。

2000年4月,进行了充分的调研准备工作之后,孙承纬在专题组会议上作了"金属丝阵Z箍缩的内爆动力学问题"报告。这是一篇全面深入的学术报告,不仅对国外典型的电磁内爆驱动器和实验的参数进行了详细的分析,也针对多项物理设计方面的问题进行了细致的公式推导,并阐明了相应的技术路线,内容详尽、理据充分。

2002年,孙承纬赴俄罗斯圣彼得堡参加第九次国际百万高斯磁场产生及相关论题学术会议(International Conference on Megagauss Magnetic Field Generation and Related Topics,以下简称国际百万高斯磁场会议),认真听取美国、俄罗斯武器实验室在电磁内爆、电磁驱动等熵压缩方面的进展,对于有参考价值的知识点,包括各种参数、装置结构等,能画能记的都在笔记本上写下来。结合对会议资料分析、总结,他回国后撰写了"实现材料的超高密度压缩是电磁内爆研究的主要方向",提出了利用电容器组或爆磁压缩发生器产生的大电流,探索高速内爆压缩下材料高能量密度状态,将是电磁内爆研究未来的主要方向。他还写了一篇"关于高密度压缩问题的思考",基于冲击压缩的基本公式,推导了在高能量密度压缩下特殊材料的压缩度,通过验算,推断了内爆高密度压缩可能达到的基本参数。这一系列调研分析报告,对中物院开展电磁内爆和驱动压缩研究发挥了强有力的推动和支撑作用。

2005年2月,第246次香山科学会议召开。香山科学会议是由科技部(原国家科委)发起,在科技部和中国科学院共同支持下创办的,以基础研究的科学前沿问题和中国重大工程技术领域的科学问题为主题,促进交流、启迪科学思维,推动科技进步与发展。这次会议的主题为"高能量密度物理研究",主要是随着国内学术界对高能量密度这种极端的物理状态认识的不断深入,激光和脉冲功率装置的能量及功率不断提高,使得在实验室产生极高能量密度的实验条件成为可能,形成一个称为高能量密度物理学的新的物理学领域。会议的目的是探讨我国高能量密度物理研究的前景,研究在适合我国国力条件下进行高能量密度物理研究的基础和基本条件,并理出重要科学问题,为制定我国高能量密度物理研究的计划和方案做准备。电磁加载作为其中的重要领域之一,备受瞩目。

孙承纬应大会邀请,作了"电磁加载下的高能量密度物理问题研究"的报告,非常详尽地介绍了物质的高能量密度状态、电磁加载技术及其可达到的高能量密度状态等内容,并再次建议我国进一步深入开展相应研究。报告最后主要落脚在各种具体应用上,电磁内爆是其中的重点。报告引起了很大反响,在讨论环节,孙承纬还和与会专家们深入交谈,对他们提出的问题一一进行了回答,把各方面技术手段的优势劣势分析得很透彻，逻辑性很强，很快获得了与会专家的认可。

此次香山会议，相当于在学界层面上认可了电磁驱动的高能量密度物理这个重要分支，该项研究得到进一步推动。

在香山科学会议报告的基础上，孙承纬写成更加全面系统、分析水平更高的报告"电磁加载下的高能量密度物理问题研究"。报告分为五部分，依序介绍了电磁加载技术及其可达到的高能量密度状态、Z箍缩等离子体内爆研究、固体套筒内爆动力学实验、磁驱动等熵压缩实验、磁化靶聚变研究，基本覆盖了当前电磁加载技术各种应用的特点、研究进展及亟待解决的问题。

虽然这篇文章虽只是连载刊登于流体物理研究所刊物《高能量密度物理》上，但其价值不容忽视，对后续工作起到了提纲挈领的作用，也成为高功率电脉冲领域发展的重要指导性文件，成为国内相关领域科研人员必读的文章。

21世纪初，孙承纬做的又一件重要学术工作，是翻译出版了专著《高密度Z箍缩等离子体物理学》。

在广泛收集前沿科研成果资料并深入研读的基础上，在孙承纬心目中，Z箍缩内爆领域中最有价值的学术专著莫过于20世纪90年代末期，俄罗斯科学院物理问题研究所的米歇尔·利伯曼（M. A. Liberman）教授以及美国圣地亚国家实验室的瑞克·斯贝尔曼（R. B. Spielman）教授等四人撰写的《高密度Z箍缩等离子体物理学》。这本书系统地论述了高密度Z箍缩动力学及稳定性问题，特别是总结了20世纪八九十年代以来的理论和实验研究工作。孙承纬先是在网上搜到这本书的电子版，看之后感到这本书有非常高的学术价值，又在国际书店购买了原版书。这本书被他反反复复地翻阅，几乎每页上都写上了密密麻麻的批注。他越看越觉得，该书有助于国内从事Z箍缩等离子体物理、特别是电磁内爆等离子体研究的人员较快地掌握这个重要技术科学领域的理论基础，理解有关工作进展的前沿、难点和潜在境界。随着越来越多的人学习钻研这本书，他萌发了将其翻译为中文的想法，希望能够在更广阔的范围内分享给全国相关领域的研究人员，同时也可以将该书作为磁流体力学、高能量密度动力学和等离子体物理等专业研究生教育或进修的参考书，帮助他们打好理论基础、掌握实验知识。

说干就干，孙承纬很快就通过国防科技出版社取得了中文版权，开始着手翻译这本书。为了方便阅读和翻译，孙承纬将原著的电子版打印出来，字斟句酌地仔细翻看。相较于使用电脑打字，孙承纬更倾向于手写翻译。他习惯于边写边思索，似乎在笔走龙蛇之间思维能够更清晰，针对每个名词的翻译，他都会反复斟酌。他常说："我不像诗人、文学家，下笔成书，技术问题的表达需要反复推敲。翻得不适当的，就想着换一个更好的讲法。"

全书共计 25 万字，孙承纬写了厚厚的几大本手稿，就连书上的 156 张插图，都是他亲手处理，用扫描仪一张张扫描出来，然后在计算机上修图，包括调整线条的粗细等。

翻译完毕之后，孙承纬委托同事胡熙静进行校对。开始时，胡熙静一边看英文一边看译文，仔细校阅。看了一部分后，觉得不仅译文准确无误，且中文亦很精彩，于是改为只看中文，仅当有些疑问时再去看英文原文，最后竟无一处修订，他忍不住感叹孙承纬专业功底之深厚，译文精彩漂亮！

书籍翻译完成之后，孙承纬将这本书作为教材，为该领域的博士生们上课；还进一步组织了"高密度 Z 箍缩等离子体物理学"的专题讲座，面向流体物理研究所内的科研人员授课，让越来越多的人从中受益。

该领域的科研人员几乎人手一本译著，作为工作中必备的参考书，对于孙承纬深厚的功底，也是赞叹不已："我们经常是越读译著越有更深的理解。其实该领域不是孙老师以前重点关注的对象，但他能在一年多的时间内翻译该领域的著作，并且能做到准确无误，达到指点迷津、释惑解困的境界，没有深厚的理论功底、渊博扎实的科学素养是不可能的。在我们心目中，孙老师就是一座高山、是一个传奇。"

在此书翻译出版的十年之后，也就是2013年，孙承纬与利伯曼在北京理工大学组织的一次学术会议上见面了。两人均对对方的学术成就仰慕已久，见面之后相谈甚欢，特别是针对Z箍缩相关领域一些前沿进展的讨论过程中，两人越谈越是投契，大有相见恨晚之意。孙承纬热情邀请利伯曼到流体物理研究所访问，他欣然同意。10月，利伯曼来到绵阳，应孙承纬的要求，为电磁内爆研究的人员讲授了三堂课，介绍了最新的电磁内爆研究进展，对科研人员的帮助非常之大。会后，两人签名互赠了该著作的原文本和中译本。

在孙承纬的悉心教导下，学生们的能力得到了迅速提升。在后续开展的Z箍缩内爆大型装置研制工作中，他们都成为核心骨干。此时孙承纬已年逾花甲，不再从事具体的科研工作，但是他的学术思想和科研理念对学生们影响至深。按照老师的教导,学生们也始终坚持理论、实验、数值模拟相结合的技术途径,在 Z 箍缩内爆大型装置的装置设计、物理实验技术、理论和数值模拟、负载以及诊断技术等方面积累了丰厚的底蕴,取得了一系列突出的成绩。

"大的做不了,小的一样能行!"

1999年，美国圣地亚国家实验室在Z装置实验中发现并创造了磁驱动加载技术，首次实现了对金属材料的大压力范围等熵加载实验，磁驱动获得速度十分高的宏观金属飞片。官方组织了同行评估委员会对Z装置全部工作进行了考察，提出了结论性的伽文（Garwin）报告。报告认为Z装置最有前途的工作是特殊材料的动力学性质研究。至今20余年的历史，完全印证了伽文报告的预见。

2000年，孙承纬就了解到圣地亚国家实验室在Z装置和土星（Saturn）装置上进行了磁驱动等熵压缩原理性实验研究，这个时间几乎与圣地亚国家实验室发布相关报告同步，在21世纪初，这是很不容易做到的事情。深谙武器物理问题的孙承纬见到此消息后，深受触动和启发，他认为必须及时跟踪、建立研究基础。他很快把伽文报告整理出来，作了详细的解释，发给专家组人手一份。

Z装置是一个占地面积约两个篮球场、高度超过两层楼的"庞然大物"，而且是高电压高绝缘的数十兆安强流设施，积数十年功力才能成就。我国要建造这样大型的装置，从技术能力和科研资源都存在巨大困难，尤其对于Z装置达到如此低阻抗、短前沿的技术诀窍一无所知。

大装置做不了，该怎么办？孙承纬琢磨着："美国人打一开始，走的就是大装置路线。咱们现在没条件做大装置。能不能做磁驱动等熵压缩实验？能不能研制一种紧凑的、比较小巧的装置，具有一定的加载能力，可以用来研究材料的动力学行为？"

作为最初的尝试，他的学生赵剑衡率课题组利用不久前改造成功的高效率一级电炮，进行电磁驱动发射金属飞片的探索性实验，获得了很好的结果。见到这个结果，孙承纬非常高兴，同时做了数值计算，表明他们的想法是完全可行的。在理论和实验相互印证下，孙承纬心中越来越有数了："推敲出来是可以做的，我们用小电容器组的方式，是可以做的。大的做不了，小的一样能行！"

那时，美国磁驱动等熵压缩实验（ICE）兴起还不到三年时间。孙承纬认为，低成本小型实验装置是我们在等熵压缩实验起步阶段唯一可选择的创新方案，可能得到金属材料 50 万大气压以下范围内的实验准等熵线。他把这个项目交给学生王桂吉作为博士论文选题，从装置研制到物理实验和计算全面承担。

申请院科技基金时，他顶着诸多同行的质疑，做了非常详细的调研分析，并把研究方案向时任中物院副院长的孙锦山详细汇报。听取汇报后,孙锦山给予了高度认可:"这是一个新方向,花这点钱做一个探索完全是值得的。"

在孙锦山的认可和支持下,团队获得了中物院科学技术基金重大项目的资助,又相继取得国家自然科学基金面上项目、四川省青年科技基金等多个项目的支持。每一个项目的申请书,孙承纬都严格把关,投入大量心血。在各方面经费的支持下,我国电磁驱动等熵压缩实验研究正式启动!

这是一个全新的领域——等熵压缩研究领域不仅加载技术、实验方式与传统情形全然不同,而且其基本理论和数值模拟、诊断技术和数据处理也都是全新的,涉及脉冲功率技术、冲击动力学、流体力学、计算机数值模拟、物态方程、光电子学和应用电子学等多个专业交叉融合。为了做好这件"大事情",孙承纬进行了全局部署,多维度齐头并进、系统地开展研究。

小装置研制指标首先实现1.5兆安峰值、上升沿小于500纳秒的加载电流,这意味着电容器组充电电压将达到近百千伏,同时还要求整个系统的电感极低。作为该项研究的主力,王桂吉看着这套指标苦笑地说道,这简直就是"小马"拉"大车"!为了让小马拉着大车跑得快跑得稳，这不仅对装置的每个部件自身的性能提出了很高要求，部件与部件之间还要做到非常好的绝缘、配合或连接。谈何容易！

面临的第一关就是得到符合要求的电容器。年逾花甲的孙承纬带着王桂吉等风尘仆仆地奔赴各大电容器生产厂家洽谈，却总是碰一鼻子灰。厂家看到技术要求如此特殊且苛刻的电容器指标时，第一时间除了惊讶还是惊讶，甚至以为他们在开玩笑。当他们进一步表达了合作的诚意之后，很多厂家只好两手一摊，不无遗憾地表示，"国内根本没有研制这样产品的先例"。

国内没有先例，那就靠自己开创先例！孙承纬经过调研和筛选，确定与德阳的西南电工设备公司合作。他多次带队前往该厂，亲自与厂家的技术人员沟通，非常详细地告诉他们：将来我这个电容器的参数要达到什么指标，电容器的输出结构要做成什么样等。经过多轮的试制和反复实验，终于研制出了符合要求的储能电容器。这类电容器因其突出的性能优越性，在后续研发的多种电磁加载装置上使用，极大地促进了我国高功率电脉冲技术的发展。

孙承纬、王桂吉等从实验、理论与数值模拟多方面入手，先后攻克了多项难题。在王桂吉眼中，孙承纬就像博闻广识的"侦探",凭借敏锐的洞察力,清楚地知晓国外文献资料里的方法和技术的情况,以及可能存在的问题。很多时候,孙承纬结合国际学术会议上的讨论对话,参观交流时见到的国外实物,经过思考得到合乎逻辑的推论,进而考虑怎样用在自己的研究中。

2007年,中国首台1.5兆安磁驱动斜波加载装置CQ-1.5诞生!此装置像一把打开的"大扇子","扇面"由四台红色电容器组成,为"扇心"处的靶区和实验样品注入强大的电能量,实现等熵压缩或者驱动高速飞片。CQ-1.5装置的技术指标和物理实验水平均超过国外后来研制的类似的紧凑型装置。特别有意思的是,在此装置上试验了铝钝锥壳形小样品,得到的高速"射弹"击穿了1厘米厚钢靶板,造成方靶板背部的"芯裂"和边部的"角裂"!

此装置研制成功后,自然要为它取一个响亮的名字。孙承纬略一思索说:"我们建的是磁驱动嘛,就叫CQ,就是磁驱汉语拼音的缩写,这样不仅反映我们这个装置真实特点,而且具有中国特色。"当时还有人听说之后嗤笑说这个名称太土了,应该用英文另起一个高大上的名字。对此,孙承纬只是微微一笑,坚持说道:"中国人当然要用中文拼音!"

孙承纬将"磁驱动"系列装置用中文拼音首字母"CQ"命名,其后的数字表示短路负载电流峰值(兆安数),是装置加载能力的主要指标。时至今日,多台磁驱动斜波加载系列装置一直沿用这个命名方法。

CQ-1.5装置建设的技术路线完全是孙承纬团队独创的,获得了国际学术界的高度认可,相关论述当时发表在美国的《科学仪器评述》英文杂志上,论文评审专家都给予了高度好评。

首台磁驱动实验装置CQ-1.5研制成功,在团队共同努力下建立了测量技术和数据处理编码,成功进行了初步物理实验。2007年8月,孙承纬在北京参加"庆祝中国力学学会成立50周年暨中国力学学会学术大会",作了大会邀请报告"磁驱动准等熵压缩和高速飞片的实验研究",这项研究首次在学术讲台上亮相。

孙承纬接着提出了"更强""更高"物理实验的目标,带领团队继续攀登新的高峰。他们期望从CQ-1.5做到CQ-4、CQ-7甚至CQ-15,更期望这些研究能为武器物理实验提供高质量的全新支撑。孙承纬总是极为慎重地告诫全体团队成员:"每一步都是一个台阶,我们的走法就是每一个台阶都不能落空。要做的话,就要真正解决问题。不解决问题的话,即便设备做好了也只是一堆烂铁，等着报废。"

基于CQ-1.5的成功，研制更大的磁驱动装置的申请顺利地得到了国家自然科学基金委的资助。从CQ-1.5向CQ-4迈进，不仅仅是电流的峰值翻了一倍多，还将带来一系列物理量的变化，影响甚大，其中最关键的就是，装置的主开关组件所承受的"压力"翻了几番，其可重复性、低抖动、低电感等方面的要求也随之水涨船高，难度提升何止倍蓰。课题组为此反复论证，提出多个方案。针对每一个技术方案，在王桂吉等人提出可能的途径之后，孙承纬都要求拿出数据"说话"。如果没有证据，凭空说"我想是这样的"，那是没用的，他只认真理，只用事实说话。在具体工作中，他的拗劲儿更体现得淋漓尽致，对每一个环节都抠得非常细致，如果得不到验证，就会"死抠"到底，紧盯着不放。

2010年，赵剑衡、王桂吉等建成了国内首套可实现100吉帕等熵压缩、发射每秒15千米宏观金属飞片的磁驱动斜波加载实验装置CQ-4，性能指标达到国际同类型装置的先进水平。CQ-4仍然保持着"紧凑型"的特点，装置仅有两张乒乓球台那么大。次年在院某基金项目支持下，王桂吉等又着手研制国内首台具有密封防护能力的紧凑型圆周汇流磁驱动实验装置CQ-3。

2013年后,在开始研制CQ-7过程中,孙承纬工作重心逐渐转移到上海,多数时间不在绵阳,但他总是尽量抽出时间参与团队的技术讨论。遇到大家提出"疑难杂症"或是对技术路线有了新想法向他请教时,他就会在纸上写一堆公式或是画出线路图形,用手机拍张照片发给大家,与大家沟通信息、提出想法。在这种"跨越空间"交流过程中,团队确定了CQ-7装置方案。

通过挫折和努力,团队于在2018年成功研制了CQ-7,该装置技术指标在国际上紧凑型装置中为最高。CQ-7在传输技术、储能技术和绝缘技术等方面取得的经验以及继续的改进,为研制可移动的,体积小、能力强的后续装置奠定了可靠基础。

从CQ-1.5到CQ-7,该系列的四台装置都因其特有的性能优势,在研究等熵压缩、高速飞片、材料强度、相变、炸药化学反应和压剪复杂载荷响应等各种实验方面"大显身手",取得了非常可喜的成就,应用前景不断开拓。

有了这一系列宝贵的新装置,孙承纬从不"藏私"。他鼓励大家共同利用这些装置开展研究,增强在科学上的认识、扩大研究范围,带动我国的科研整体进步。如今,CQ-4和CQ-7等装置已经向北京大学、北京理工大学、西北工业大学、航天五院等院校单位开放使用。在多年的合作过程中，用户单位都给予了高度好评，认为CQ系列装置是非常优良的新型加载装置，能够做出新颖的、不一样的结果。

孙承纬始终认为"实验工具的革新是科学观念创新和理论发轫的前奏，最终目的是服务于物理实验研究"。今日"利器"在手，何日缚住苍龙？孙承纬带着团队进行各种物理实验，发现了许多奇异的现象——例如一般炸药受到压力几千大气压的冲击波作用就会起爆，可是在峰值压力二三十万大气压的等熵（斜波）加载下几乎没有反应；等熵压缩下材料可以无限地被压缩、密度无限增高，但冲击波作用存在物质密度的压缩极限，再高的压力也不能使物质被压到更高的密度，……。深入探索等熵压缩过程中样品材料的内部信息，揭开其物理过程中的"黑箱子"，就是研究的目的。

由于斜波加载实验不是拟定常过程，实验样品的响应是高度非线性的，能测量的数据只有负载电流曲线和样品表面（界面）的速度历史，这两者相当于"黑箱子"的输入与输出，"黑箱子"里面的"机关"就是物理方程组，协调着两端的输入与输出。如果样品构型是台阶靶，等于同时有同样材料的高、低两个样品在做"平行实验",就会得到三个实验数据:一个公共的输入和两个高、低不同样品的输出,它们都服从"黑箱子"的调度。假如"黑箱子"可以"反"着计算,从输出得到输入,当"黑箱子"里设置的材料参数合适时,从台阶靶高低两个输出自然会得到基本一样的、可由负载电流计算的公共输入,差别小于千分之一。如果高、低台阶的输出达不成"输入共识",则可以调整材料参数,促使"输入共识"的完成。这就是获得高精度"准等熵线"的诀窍。

这个由"响应(输出)"倒着推导"驱动(输入)"的方法名为"反积分",按上述步骤获得的材料的物态方程或等熵线,就是此次 ICE 实验的主要结果。

孙承纬对"反积分"方法并不陌生,20 世纪 80 年代初他在华盛顿州立大学进修时,就看过美国科学家海耶斯所写的关于反积分方法的讲义,只不过那时他不理解这个方法的作用,但仍是珍而重之的保存好这份讲义并带回国内。到了 2000 年前后,圣地亚的科学家创立磁驱动 ICE 实验之后,全套的反积分方法才日渐成熟。看到相关信息后,孙承纬立刻把讲义找出来详细研读,认识到对于电磁驱动等熵压缩的复杂物理过程,反积分法才是可行的数据处理方法。

孙承纬带着学生王刚华一起从文献中寻求技术突破点，提高理解和创新能力。王刚华经过三年多的努力，于2008年在国内首先建立了一种崭新的流体力学方程组反问题的反积分计算技术。他的论文被评为四川省优秀博士论文，并入围全国优秀论文。

在此基础上，孙承纬继续指导博士后张红平从事反积分法深入研究。孙承纬从自己的藏书中精心挑选了七八本力学和计算方面专业书籍，甚至将珍藏多年的"绝版书"借给她，叮嘱她仔细研读。张红平一开始碰到很多困惑，经常到孙承纬办公室或家里问问题，孙承纬强调一定要把理论吃透了才能更好工作，张红平很快厘清了基础原理和关键要素，尝试改进了反积分方法部分计算过程中的力学响应关系式，拓展了控制方程组的应用范围。

通过孙承纬的悉心指导，张红平编制了一套处理等熵压缩实验数据更完善的反积分计算编码，其功能颇为强大，不仅可用于磁驱动实验，还可用于高应变率的激光驱动ICE实验数据处理。

最关键的环节是通过大量实验数据的核对来验证程序的有效性和可靠性。在整个过程中，孙承纬对张红平殷殷嘱托道："要注意不同参数、不同模型和不同算法的影响,要认清目前数值模拟能力的不足,不能用想当然的计算解读试验,更不能用不严谨的计算结果误导实验。同时要注意多参加实验,才能从理论源头上搞清楚工程实验和数值模拟间相辅相成的关系。"经过多轮数据核对验证,他们开发的更先进的实验数据处理程序,具有更大优势。

在大家共同努力下,与 CQ 装置实验研究相匹配,整套理论、数据处理计算软件都建立起来了,磁流体力学计算也有了很大进步。数值模拟与实验相结合,能够更好地展示出材料内部的信息,能够把"黑箱子"里面看得更清楚更明白。

2005 年前后,在孙承纬指导下,电磁驱动等熵压缩技术从原理、装置、数据处理、实验技术及数值模拟等方面已经全面铺开,逐步深入,初显成效,电磁驱动技术作为一种新型的加载方式,在动高压物理领域越来越彰显其独特的魅力。对每个阶段性科研成果,孙承纬都坚持进行及时的总结分析,提炼实验现象背后的物理规律。他曾说过,在前瞻性、基础性问题研究过程中,要注重知识的归纳积淀,逐步形成独特、创新、客观的规律性认识,并使其进一步系统化,推动相关学科做大做强,并促进人员科研素养和能力的提升,就能够更好地反哺科技的发展。

着眼于新学科的拓展和技术骨干的培养，2005年孙承纬撰写了发表在流体物理研究所刊物上的系列文章"磁驱动等熵压缩和高速飞片的实验技术"，从电磁驱动准等熵加载技术的原理、装置、数据处理和实验设计及应用等方面进行了全面而深入的阐述，是我国电磁驱动等熵压缩实验最早的系统综述性文章，构建了这项工作理论和实验的框架。

其后，适逢流体物理研究所组织编写出版文集《动高压原理与技术》，主编陈俊祥先生邀请孙承纬撰写该书的第5章"磁驱动等熵压缩和高速飞片技术"。孙承纬欣然同意，认为面向更广泛的受众和科研人员介绍这个"新颖"的学科方向，应注重从理论、实验等角度进行更为基础性、综合性的阐述，特别是对基本概念、理论及公式的阐释。此章相关的理论，均是他根据流体动力学与电磁技术原理构建的系统架构，已经大量实验和数值计算的验证。

随着研究的深入，2012年，孙承纬和赵剑衡、王桂吉等在上面论文基础上，撰写了"磁驱动准等熵平面压缩和超高速飞片发射实验技术原理、装置及应用"一文，发表在"力学进展"上。除了原有的基本框架外，增加了国内外研究进展、磁驱加载在高压物态方程实验和材料动力学响应中的应用,并展望了该技术在极端冲击动力学、天体物理和高能量密度物理等方面的应用前景。

孙承纬及其学生转向磁驱动等熵压缩研究,已经历了十多年的岁月,已有了青年人才聚集的团队,建立起系列的 CQ 斜波加载装置,开展了多方面高质量研究,对于正在迅速深入发展的物质等熵压缩领域的重要意义有了更清晰的认知。团队很快跟踪国际前沿,开展了激光驱动等熵压缩实验,又在院基金支持下恢复了 MC-1 发生器的研制和实验,从而掌握了这个领域的三种主要途径。

此时孙承纬提议:"为了总结经验、开拓未来,便于国内同行了解和参与这个领域的研究,第一步先做一个研究进展方面的'集',把我们的工作展示一下。如果后面我们发展得更成熟,再谋划出专著的事。"

对于论文集的定位,孙承纬认为,应该以材料的等熵压缩实验研究为主线,覆盖三种主要技术途径,力求全面展示本团队相应的科研能力和成绩。

于是,孙承纬将这本文集定名为《材料准等熵压缩实验研究进展》,由中国原子能出版社于 2015 年出版。

该文集名誉主编是孙承纬,他挑选了约50篇具有较高学术价值的各类研究论文,还加入几篇重要的综述报告。

孙承纬为论文集《材料准等熵压缩实验研究进展》撰写了序言。他提道:"这些论文显示了我们工作的特色、创新以及国内外学术界的肯定,可以看出在自创的加载装置上物理实验已经全面展开,有些已经进入精密物理实验和物态方程理论相关的探讨。本文集同样表明了这个领域中我们年轻的技术队伍的成长,这是今后工作能够获得更大发展的主要保证,也是我的最大欣慰和由衷期望。"

开拓通往未知世界的道路

在孙承纬的带领下,材料等熵压缩实验研究从三条技术途径并行开展:其一是以赵剑衡、王桂吉、罗斌强等为骨干的磁驱动途径,其二是李牧课题开展的激光驱动途径,其三是谷卓伟领导的柱面内爆磁通量压缩(MC-1发生器)途径。

第三条途径,即爆炸磁通量压缩技术,是依据磁通量守恒原理,通过磁场压缩把炸药化学能有效转换成电磁能的一种技术。依据磁场压缩方式的不同,爆磁压缩发生器分为两类。一类称为MC-1发生器,依靠炸药柱同时起爆,驱动导电外筒(套筒)高速内聚运动(内爆),把套筒内种子磁场压缩到轴线附近很小空间中,从而产生极高的磁场强度,也称为强磁场发生器;另一类称为MC-2发生器,炸药通常在一端起爆,管壁膨胀成漏斗形状沿轴线向前推进,把磁场挤到两筒末端的低电感负载中,使得整个电回路系统的电感大大缩小,电流剧增,因此也称为大电流发生器。

20世纪40年代,美国的福勒(C. M. Fowler)和苏联氢弹之父萨哈罗夫(A. D. Sakharov)先后提出研制爆炸磁通量压缩发生器,随后英、法、意等国相继开展此项研究,两种发生器研制均取得显著进展。爆炸磁通量压缩技术至今仍是可使炸药爆炸的大能量转变为电磁能量的唯一途径,又称作"爆炸脉冲功率技术"。这就是各大国极其重视这项技术的基本原因。

1967年在王淦昌先生倡议下,中物院实验部做过几发MC-1发生器的实验探索。20世纪70年代中后期,武器小型化要求起爆元件进一步缩小,鉴于MC-2型发生器具备"体积小、电流大"的特点,是电爆金属网格多点起爆器电源的理想选择。因此在1978年前后,流体物理研究所先后研制了几种型号的紧凑型MC-2型发生器,后因为该起爆系统达不到应有指标,MC-2型发生器研究随之停止。

虽然早期的研制中止了,但是这类装置把爆炸能量转化为电磁能量的特殊本领,深深吸引了孙承纬的目光。他曾经看到过,当时研制的有像大炮筒一样的大东西,还有像茶杯那么小的器件。他惊喜地发现,当时要得到100万安培(兆安)的大电流是很困难的,但是用MC-2型发生器来做就很小。这种"小身体、大能量"的装置,堪称他心目中的最佳"炸药能量变换器"。

20世纪80年代,在美国"星球大战"计划牵动下,高功率微波(HPM)的应用需求日益强烈。孙承纬萌生了利用MC-2型发生器作为高功率微波、电磁轨道炮等装置电源的想法。调研了大量文献资料后,他认为研发紧凑型 MC-2 型发生器，能够打开高新技术装备研制的新通道！

时处改革开放初期，孙承纬和龚兴根获得了参加第四届国际百万高斯磁场会议的机会。该会议是关于大电流、强磁场装置，尤其是以炸药为能源的 MC-1、MC-2 型发生器的系列性专业会议，一直以来深深吸引着孙承纬。对于这次难得的机会，他决定选用刘承俊等人前几年研制 6 型 MC-2 型发生器的实验结果作为参会文章。当他仔细阅读刘承俊撰写的文章原稿后十分困惑："打了那么多炮，为什么实验数据这么少呢？"他找到所有的实验原始数据，依次画在坐标纸上，发现由于当时实验数据存在相对误差，把所有实验结果都点在纸上，居然是"满天星斗"，数据重复性很不好，就无法得出输入电流和输出电流的关系。孙承纬采用最小二乘方法，重新对数据分析处理，初步厘清了物理规律之后，另写一文参会。1986 年 7 月，在美国新墨西哥州举办的第四届国际百万高斯磁场会议上，孙承纬宣读了关于早期研制的 6 型 MC-2 型发生器的研究文章，让中国的 MC-2 技术研究在国际学术界初露头角，研究成果引起了国际同行的极大关注，他们纷纷表示："中国从来没有在这一方面发表过文章，很高兴在爆炸磁通量压缩技术研究团体里增加了一个新伙伴。"

这次会议给了孙承纬非常大的触动。会议期间，主办方组织大家参观了美国爆磁压缩实验场地以及有关 MC-2 技术近 20 年发展历程的展览，令他大开眼界。这些实验装置和场地的设计、构造和管理，都有不少可供借鉴之处。特别让他感到惊讶的是，美国研制 MC-2 装置依靠的完全是最常见且简单的零部件，手工加工和装配，并不需要精密机械加工。这种简单且有实效的科研作风令他深受启发。

自参会后，孙承纬更加明确了相应研究方法和技术路线，积极组织对紧凑型 MC-2 装置用于产生高功率微波进行论证。在孙承纬看来，国家"863 计划"是一种很好的组织形式。20 世纪 90 年代初，孙承纬向国家"863 计划"专家组提出使用紧凑型 MC-2 发生器作电源产生高功率微波的课题、使其在"863 计划"中立项的想法，但专家组意见不一致，课题之事被搁置。

1992 年 1 月，孙承纬再次向国家"863 计划"某领域首席科学家杜祥琬提出由国家"863 计划"支持高功率微波课题的想法。为慎重起见，中物院决定先在院行业重点预研项目中立项，开展初步探索。这只是他达到预期的第一步，为了谋划出一条 MC-2 技术"有组织、有秩序"的长期发展的道路,孙承纬将高功率微波课题列入国家"863计划"的决心从未动摇。

几个月后,孙承纬得知国防科工委领导将要视察中物院各研究所工作情况,感到这是一个大好机会,立刻联系了院里相关部门负责人郭金添,表示想要向国防科工委领导当面汇报。郭金添专门安排了一次MC-2技术研究课题组现场汇报的机会。

1992年11月,国防科工委科技委主任朱光亚等视察了流体物理研究所MC-2装置研制及应用情况。孙承纬精心撰写了汇报文稿,提纲挈领地介绍了技术原理和课题组的实验工作。汇报持续了近二十分钟,朱光亚听得非常仔细。汇报结束之后,朱光亚又来到了MC-2课题的实验室大厅里,看到了靠墙的条桌上陈列着MC-2发生器实物。他端详着这个体积很小的装置,装置的体积很小,显然投资不大。看完之后,朱光亚虽然并没有多说什么,但向来不苟言笑的他,眉梢眼角已经露出了隐隐的笑意。

后来的事实证明,孙承纬那次向朱光亚等领导的汇报,起到了关键性作用。在某次会议上,中央领导询问朱光亚高功率微波课题立项怎样安排,朱光亚说:"我们考虑放在国家'863计划'里面。"中央领导立即回答了一句："这样安排好！"

1993年3月，在"863计划"某领域里正式成立了高功率微波研究专题，孙承纬任专题顾问。作为理论设计、数值模拟、装置结构设计和工程实验的"军师"，他指导龚兴根、孙奇志等人正式开启了紧凑型MC-2型发生器新一轮的研制征程。

通过调研探索，课题组逐步掌握了装置的理论模型，并成功地进行了优化设计。但制作中要求手工绕制出合格的锥形螺线圈，需要兼顾螺线圈的大小、材料、螺距等复杂因素，不仅是手艺上的"考验"，更是体力上的"较量"。当时的实验条件实在是太简陋了，课题组唯有"土法上马"，办起了"手工作坊"。做一个线圈大概要四个人一天的时间，大家都累得筋疲力尽，手上全是环氧树脂，脏得很。更让人沮丧的是，花了这么多时间精力做出来的线圈，成品率还不到一半。尽管如此，大家还是咬着牙坚持，他们坚信：熟能生巧，一切都会好起来的！

在实验中，课题组发现装置的能量转换效率太低了，必须尽快解决。孙承纬发现俄罗斯专家明采夫撰写的关于研制同类MC-2装置的文章，大受裨益。随后孙承纬联系到明采夫，非常诚恳地邀请他到绵阳来讲学。

1993年5月，明采夫如期来到绵阳讲学，分享了MC-2装置及其研制技术。抓住授课的间隙，孙承纬就像一个勤奋的学生，不断地向明采夫提出思考多日的各种问题，与他深入探讨，如饥似渴地记录下点点滴滴有价值的信息，交流笔记足足写了60余页，明采夫也忍不住对孙承纬竖起了大拇指。1995年，课题组又一次与俄罗斯专家进行了技术交流。

通过多次交流，孙承纬发现俄罗斯采用机床绕制螺线圈的办法，既提高了绕制效率，又保证了线圈的精密和准确性。从此，课题组用机床绕制方法替代了曾经的"手工作坊"。螺线圈绕制工艺的突飞猛进，让课题组成员笑得合不拢嘴，线圈合格率极大提升，几乎达到百分之百。

2002年，课题组研制出输出能量20千焦耳的8-6型MC-2装置，处于国内领先水平，并达到了同类型装置的国际水平。MC-2装置研究团队不断通过技术吸收、消化和再创新，势如破竹地攻克了一个又一个技术难题，研制出了一系列高水平、紧凑的MC-2装置，在国家某重大工程专项中得到了重要应用。

爆炸磁通量压缩技术的另一分支——MC-1型发生器研究更加深深吸引着孙承纬。早在1967年，王淦昌、彭桓武等老一辈科学家曾经设想利用MC-1装置产生强磁场，压缩聚变物质达到点燃聚变温度。进行了几次探索实验后，由于种种原因未能继续。

21世纪初，国际上兴起了金属氢的研究热潮。氢是人们熟悉的最简单元素，如果对液态或固态氢施加五百万大气压以上高压，则氢有可能变成金属性质的导电体甚至超导体，称之为"金属氢"。在未来许多重要领域中，金属氢可能具有广阔的应用前景。虽然早在1935年，金属氢的存在已得到理论上的证明，但此后过了大半个世纪，实验获得金属氢的希望还很渺茫。其中很重要的原因是，像氢之类的轻物质，很难被压缩到几百万大气压的高压状态。对于这个未知的世界，科学家们通过各种途径，孜孜不倦地进行探索。

此时，MC-1装置高密度压缩轻物质的独特优势，分外受到凝聚态物理和极端物理学界的青睐。作为极端物理学重要的实验工具，MC-1装置是目前能够在亚立方厘米以上大尺寸空间内得到千特斯拉超强磁场的唯一技术手段。

虽然关于MC-1的公开文献几乎是零，但孙承纬仅凭不多的信息，就发现MC-1技术的巧妙之处。他充满感慨地写下了这么一段话："爆炸磁压缩最早是苏联氢弹之父萨哈罗夫提出来的，他的目标很简单，就是要搞干净的氢弹，不用炸药的办法，但是能够达到比炸药还厉害的压缩。实现这个目标，关键是让内爆非常稳当地压到非常非常小的体积，压力能就非常高了。磁场能比炸药压缩得更小、压缩平整性也非常好。简单来说，磁场截面直径压缩10倍，磁压力可以增大上1万倍。萨哈罗夫是个天才，光凭这一条就不得不佩服他，在这种非常简单的解决办法当中，找出一个能够克服摆在我们面前巨大的困难的途径。"

除了查阅有限的文献资料外，孙承纬还十分重视与俄罗斯专家的交流和沟通，听取他们对一些研究方向的见解和判断。通过多次与俄方交流，孙承纬发现俄罗斯在MC-1技术研究方面，投入了大量的人力、物力。他一直在寻找机会，让MC-1技术在中物院也能"生根发芽"，他总是提起："认认真真赶上人家（国际上同类技术），就要'重新开始'"。

恰逢2010年，中物院设立了专项研究基金，号召大家申报创新项目。利用这个好机会，孙承纬指导谷卓伟申报了"金属化氢动高压合成加载技术探索研究"项目。收到项目获批的消息之时，孙承纬嘴角泛起了微笑：是时候唤醒"沉睡已久"的MC-1型发生器了！

为了使课题组成员更全面地了解 MC-1 技术的原理和作用，孙承纬凭借自身的技术储备和调研材料，很快撰写了"金属氢材料性质和可能的应用"一文，为团队开展工作提供了坚实的支撑。

课题组早期在爆轰场地做实验时，曾遇到各种问题，如发生炸药被胀裂、套筒失稳等，他们把实验后回收的碎片拼凑起来观察。孙承纬以其研制线圈炮和 FP-1 装置等丰富的经验，一语中的地指出问题所在：金属薄壁套筒发生了弹塑性环向失稳（屈曲）。于是，他建议采用最方便和直接的办法，即在薄壁套筒外层增加一道尼龙材质的"软垫"，缓和爆轰波对套筒的冲击，使得薄壁套筒的加载应变率大大降低，有效避免了套筒的屈曲失稳问题。

与此同时，孙承纬发挥自身数值模拟编程优势，指导博士生赵继波在已有基础上，把 SSS 编码以及已作的磁流体力学（MHD）计算做系统整理。在现有的弹塑性反应流体动力学编码 SSS 基础上增加磁扩散和磁通量计算模块，便可充分实现构形磁流体力学和多物理场耦合计算功能。孙承纬拟定 MHD 新编码的框架，做了导程序修改、空腔扩展为磁腔和 MHD 子程序包等主要部分的编写，赵继波进行校核、运行和修正。师生合作效率高，很快把新编码SSS-MHD第一版调试出来，进入大量实验数据的系统核对工作，有效促进了带有炸药爆轰计算要求的MC发生器的研究。2014—2015年，赵继波在国内外重要期刊上接连发表了五篇SSS-MHD计算的论文，开启了这个编码在磁驱动和磁压缩研究中系统性的应用。

2013年，课题组研制成功国内首个能够稳定工作的单级MC-1型发生器装置，取名CJ-100，这里"CJ"是中文"磁聚（积）"拼音词首的缩写，"100"指套筒外直径为100毫米。该装置使用炸药3～4公斤TNT当量，已稳定地进行了50多发物理实验，获得轴线最高磁场为700特斯拉，压缩氘化锂材料达到200万～300万大气压。

"700特斯拉"的磁场到底有多厉害？它对应的磁压力为300万大气压左右，在强磁场物理方面应是超级强者了！我国有两个国家级磁学实验中心：中国科学院（合肥）的稳态磁场装置最近达到47特斯拉，打破了国际纪录；华中理工大学教育部重点实验室的脉冲磁场装置，最高磁场90多特斯拉，已接近现在的世界纪录。

为了进一步提高MC-1装置的压缩能力和磁场强度，发展多级MC-1发生器装置势在必行。多级装置是

MC-1技术的重大创新。该技术的关键在于第一级套筒，它是一种多层多股密绕螺线管结构，不再是金属薄壁套筒。这种螺线管套筒可以用实验室可能提供的大电流产生所需要的十几特斯拉的强大种子磁场，而且在炸药爆轰驱动过程中它本身线匝间绝缘破坏，成为角向也能导电的金属薄壁圆筒，封闭压缩自身产生的种子磁场；同样结构的第二级套筒也起着"半导体"作用，在受到一级套筒撞击后就变成能够封闭和压缩磁场的金属筒了。可见这种特殊的螺线管套筒一举解决了多级MC-1装置的诸多困难。正因为这种作用极大的特殊线圈结构极其复杂，使外人一直无法知晓这一核心技术的奥秘。

孙承纬早在2013年研制单级MC-1装置时，就带领团队成员迎难而上，集中力量，瞄准多级MC-1技术中最关键的多层密绕螺线管技术进行突破。

多层多股密绕螺线管复合结构的原理探索、设计和工艺试制工作由团队骨干周中玉负责。他们弄清楚了其中的结构，是用大概0.2毫米粗细的漆包线，像编织毛衣、毯子一样的，好多根并联，按角向来回绕制，固化后再把留在炸药外面的线匝转弯头归并起来。几经波折，团队找到了愿意联合研发的厂商。基于种种复杂的设计要求，团队将如何"编织"多层密绕螺线管复合结构的原理与厂商进行了反复讨论和迭代，最终形成了多层密绕螺线管研制方案。2017年，此项原理探索取得较大进展，周中玉等人从理论设计和加工工艺等方面，完全掌握了这项核心技术，成功研发出满足使用要求的多层密绕螺线管，并取得了发明专利。作为技术指导的孙承纬非常欣慰。

特殊螺线管技术的突破并不意味着多级发生器立项的成功。多级发生器研制及应用需要大量的经费和人力物力，必须得到强有力的支持。

孙承纬必须谋划多级MC-1技术的长远发展，他认为"不能让这个题目衰减下去，即使不获得支持，我们也要申请其他项目的支持。我们不能随便抛弃这么重要的方向。"自2016年起，在孙承纬的积极建议之下，由时任中物院院长刘仓理和时任一所副所长赵剑衡牵头向中央军委科学技术委员会（以下简称军科委）提交了项目申请报告。整个立项过程，可谓是历经了重重"艰难险阻"。在孙承纬的据理力争之下，历经两年多的论证和申请，在2018年成功争取到了军科委重大基础研究项目的资助，该项目同时受到中物院的高度重视，项目负责人由刘仓理亲自担任。就这样，流体物理研究所正式开启多级MC-1技术研制和金属化氢的征程。

2020年下半年，团队成功研制出多级 MC-1 装置，并将其命名为 CJ-150 装置（"150"指一级套筒外直径为 150 毫米）。

"初长成"的多级 MC-1 装置能不能见世面？想要知道"长得如何"？就需要过硬的诊断测量技术，发展先进的样品材料电导率原位测量技术和轴线附近强磁场测量技术。这些工作的进展是孙承纬一直关心的问题。

对在 MC-1 装置实验环境里工作的传感器的要求非常特殊，它们必须经受高压力、极低温和极强电磁干扰的考验，而且测量值的跨度达多个量级范围。一般用来测量磁场强度的磁探针方法，显然不能用于 MC 发生器的环境。孙承纬建议，使用抗干扰能力很强的光纤"法拉第旋转"进行磁场强度的绝对测量，与 109 室的陈光华团队共同突破了这项技术。

军科委对该课题进行第一阶段的验收时，孙承纬特地赶往绵阳与团队一起接受"考查"。伴随着最后一发实验的完成，团队成功运用"法拉第旋转"方法测量到多级 MC-1 装置"CJ-150"的轴线峰值磁场强度为 906 特斯拉。孙承纬看着示波器界面显示的实验波形，年逾八十的他兴奋不已："这个磁场曲线是很漂亮的，也没有什么干扰，很整齐！"这项成果在国内无疑是首屈一指。

团队成员凝心聚力、协同攻关。通过计算及实验显示，CJ-150装置具备对金属及氢（氘）等低密度材料500万大气压以上等熵压缩能力。该装置将中国大尺寸空间脉冲磁场峰值的指标提高约1个量级，与目前代表国际最高水平的俄罗斯实验物理研究院同类装置能力相当，为提升中国极端物理科学研究能力作出了实质性贡献。项目成果先后入选2021年国家国防科技重大进展评比首轮30强（第15名）。在这项工作中，孙承纬的参与是全方位的。

孙承纬曾感慨地说道："现在我从多年搞实验工作的经验和对某些理论的理解，MC-1技术将来在极端状态物理学，极端状态材料动力学或者极端状态物态方程方面，能大有可为的。但不是三年、五年它就能开'一朵大花'。科研成果从来不能以得什么奖来衡量。科研应该体现在队伍、基础和创新精神的培养上，真正能够有独立的思考、独立的想法。这样才能够一代代地传下去，发扬光大。"

搭建学术交流舞台"引爆"国际

孙承纬一直秉持"科研工作决不能闭门造车"的思想，因此在中国爆炸磁通量压缩技术、电磁内爆技术等方面，他多次组织了与美国、俄国等技术专家交流并邀请他们来访讲学，切实促进了该项技术的发展。同时，为了实现爆炸磁通量压缩等技术的纵深发展，孙承纬巧思多谋，引领着爆炸磁通量压缩技术一步步走向国际学术交流舞台。用学生们的话来讲，就是："孙老师一直都想让中国的爆炸磁通量技术'引爆'国际！"

为了迈出这第一步，孙承纬早有谋划。早在20世纪70年代末，孙承纬就萌生了参加爆炸磁通量压缩技术方面国际学术会议的想法，但那时出国开会的机会寥寥可数，更别提获取相关的国际会议内容了。直至80年代初，孙承纬在浩如烟海的资料中发现了"国际百万高斯磁场产生及相关论题学术会议"。为了详细了解会议的主旨，孙承纬购买了几本会议文集，仔细阅读了一些文章后，清晰地认识到会议的内涵与核武器物理基础研究紧密关联，可以为中国学者提供一个直接了解、学习国外有关工作最新进展的信息平台。他暗下决心："一定要抓住机会，参加这样的系列国际会议。"

在孙承纬的努力下，他参加了多届国际百万高斯磁场会议，展示了中国的最新科研进展。其中印象最深刻的就是于1986年举办的第四届国际百万高斯磁场会议。当时负责会议接待的是同为美国华盛顿州立大学毕业的博士生丹尼斯·鲍姆（Danis Baum）。当他到达会场时，一直在会议室等待的丹尼斯·鲍姆就热情地迎了上来，握着孙承纬的手，自我介绍说跟他是校友，并表示可以介绍很多华盛顿州立大学的校友跟孙承纬认识。这对孙承纬来说真是个意外之喜，他非常高兴。随后，丹尼斯·鲍姆又陪伴着他们顺利完成了会议注册等流程。

在会议的口头报告中，孙承纬介绍了紧凑型MC-2装置的研究内容，其研究成果引起了国际同行的关注，很多学者表达了赞叹之情，并表示中国学者的到来为国际爆磁压缩技术研究团体注入了"新鲜血液"。

会后，苏联参会团的领队、苏联科学院流体力学所希维绍夫（Shvetsov）与孙承纬进行了愉悦的交谈。会议用餐时，希维绍夫热情地对孙承纬说："我们都是共产党，大家都是同志。"他还教初来参会的孙承纬怎么点汉堡、要饮料，大家举杯共饮，言谈甚欢。

随后，孙承纬与各国参会代表一同参观了美国多个国家实验室装置实物以及有关的诊断手段和数值模拟设备。这次难得的参观机会，给孙承纬留下了深刻印象。孙承纬内心激动不已，并与一同前去参观的苏联科学院流体力学所希维绍夫交谈道:"我们以前没有参观过这些,你们有没有来过?"希维绍夫回答道:"这个是对我们(苏联科学家)特殊开放的。"孙承纬接着问:"为什么不对我们开放?"希维绍夫说道:"你们这次跟我们一起沾光了,他们不会对你们单独开放。"后来的事实证明,希维绍夫说的是大实话,之后于敏先生组团参观时,果然被美国洛斯·阿拉莫斯等实验室拒之门外。

参加这次会议,孙承纬感到最大收获就是认识了美国和俄罗斯有关的专家,他们对中国学者很友好,没有因为我们的研究水平太差了,就有不平等的感觉。

孙承纬在关注国际百万高斯磁场会议动态的同时,有感于国内相关科研工作的进展,就萌发了在中国举办一次国际百万高斯磁场会议的想法,然而以当时的科研能力来看,没有支撑办一次会议的"基本条件"。但这个想法在孙承纬心中埋下了一颗种子,等待"生根发芽"的机会。他坚信,随着中国科研人员的持续努力与拼搏,终有一日能够在磁场研究领域取得令人瞩目的成就,届时便是这颗种子生根发芽、绽放光彩之时。他默默期待着,凭借自己和众多科研工作者的共同努力,让世界看到中国在爆磁压缩研究领域的强大力量。

2004年7月,德国柏林迎来了第十届国际百万高斯磁场会议的盛大召开,孙承纬与孙奇志肩负使命参与其中。孙承纬获邀在此次大会上作口头报告。当时的报告展示主要依赖胶片,为了在国际舞台上呈现出最完美的中国科研成果,孙承纬展现出了超乎常人的严谨态度和敬业精神。直至报告前一天夜晚,在会议酒店的房间里,孙承纬仍在紧张而专注地进行试讲。他一遍又一遍地演练报告的每一个环节,从开场的自我介绍到核心内容的阐述,再到结尾的总结与展望,每一个细节都经过精心雕琢。对于每一张胶片的呈现效果,他更是精益求精,反复调整文字的排版、图表的清晰度以及色彩的搭配,不放过任何一处可能影响报告质量的细微瑕疵。他深知,在这个国际顶尖的学术舞台上,每一个细节都至关重要,任何一点疏忽都可能影响中国科研成果的展示效果。他的这种严谨认真的态度,不仅仅是为了完成一次报告,更是为了向世界充分展示中国科研人员的专业素养和对科研事业的敬畏之心,为未来搭建国际舞台积累声誉。

在报告现场,孙承纬凭借深厚的专业功底和沉稳的台风,充分展现出中国学者的卓越风采。报告中关于"果冻内爆实验"以及"紧凑情况下的高压绝缘问题"的内容,如同一颗颗投入平静湖面的石子,激起了国外专家学者浓厚的兴趣。面对专家们接连抛出的问题,孙承纬应答如流，以扎实的知识储备和清晰的逻辑阐述，将流体物理研究所在爆磁压缩研究的成果全方位地展示出来。他的出色表现，不仅让世界看到了中国在该领域的科研实力，更为中国爆炸磁通量压缩技术在国际舞台上赢得了尊重和关注，为后续搭建更广阔的交流舞台奠定了基础。

中国在爆炸磁通量压缩技术方面的显著进步以及科研团队学术水平的大幅提升，给参会专家和会议学术委员会留下了极为深刻的印象。在这届协调委员会会议上，委员们一致通过决议，增选孙承纬为国际百万高斯磁场会议协调委员会委员。这一荣誉意义非凡，标志着中国爆炸磁通量压缩技术及其应用研究正式在国际学术界站稳脚跟，而这也成为孙承纬后续搭建更大型国际交流舞台的重要契机。

那届会后，孙承纬并未满足于已取得的成绩，而是深入回顾自己参加过的历届国际百万高斯磁场会议等各类学术会议。他经过深思熟虑，向流体物理研究所领导呈交了书面建议。他提出，像国际爆轰会议、凝聚介质冲击压缩会议、国际弹道会议以及国际百万高斯磁场会议这类专业性极强的会议，是前沿学术成果交流的核心平台。科研人员积极参与这些国际性系列会议，是在相关学术界取得突破的关键。但从过往情况来看，中国在这方面的重视和投入尚有不足。因此，他建议梳理出各主要专业相关的重要国际学术会议名单，鼓励科研人员长期、深入地参与，以此提升中国的学术地位。

孙承纬的信件引起了所领导及有关部门的高度重视。次年，流体物理研究所积极响应，向所属各单位广泛征求拟跟踪的国际会议名单。孙承纬毫不犹豫地将国际百万高斯磁场会议上报，并详细阐述了理由："该会议是全球范围内唯一聚焦爆磁压缩发生器技术及应用的国际会议。自我所从第四届参会以来，从中获取的技术信息对爆磁压缩技术及应用、电磁内爆技术及一些新技术（如磁驱动等熵压缩、定向能技术等）发展提供了很大帮助。"在孙承纬的极力推荐下，国际百万高斯磁场会议成功被纳入中物院重点关注的国际会议名单，这为后续搭建更具影响力的国际舞台提供了重要的会议资源保障。

2006年9月，第十一届国际百万高斯磁场会议召开，国内参会单位呈现出崭新的局面。除了中物院流体物理研究所，北京应用物理与计算数学研究所、北京理工大学和国防科技大学三个单位也提交论文参与其中。这一积极变化的背后，正是孙承纬长期致力于对外学术交流所产生的强大带动效应。他搭建的国际交流舞台，吸引了越来越多国内单位踊跃参与，进一步壮大了中国在该领域的国际交流力量,为中国爆炸磁通量压缩技术在国际上的传播和发展注入了新的活力。

孙承纬始终如一地专注于对外学术交流,认真吸收并消化国际先进科技成果,逐步形成了自己独特且深刻的思考与见解。在他的引领下,研究团队在爆磁压缩技术的理论基础、实验探索和实际应用等多个方面均取得了飞速发展。同时,他通过课题申请、技术指导以及研究生培养等多种途径,带领科研团队和研究生不断拓展、深化爆磁压缩和高功率电脉冲技术研究领域,成功开辟出多个重要的新方向,实现了技术突破与人才培养的双丰收,为搭建更高层次的国际舞台储备了坚实的人才和技术力量。

2008年7月,孙承纬再次出国,参加了第十二届国际百万高斯磁场会议,也正是这次会议,让他埋藏在心底多年的"搭建国际舞台之种",得以"生根发芽"。在这次国际协调委员会会议上,委员们纷纷提议由中国承办下一届会议。这一建议既是国际同行对中国科研实力的高度认可,也是国内相关科技人员多年来的共同心愿。孙承纬深知承办大型国际会议面临着经费、接待、安全等诸多复杂且艰巨的挑战。秉持着一贯严谨细致的工作作风,他并未当场草率决定,而是慎重地拨打越洋电话向所领导征询意见。得到同意后,他郑重表态接受这一建议,并立下"一定要把这个事情做好"的誓言。这一决定,犹如一颗火种,点燃了搭建国际顶级学术交流舞台的热情,为中国爆炸磁通量压缩技术全面走向国际开启了新的篇章。

还未等孙承纬回国,他成功争取到第十三届国际百万高斯磁场会议主办权的消息就已经传开了,团队成员们既兴奋又自豪。为了确保会议顺利举办,流体物理研究所立即全面投入筹备工作。孙承纬担任大会主席,成立了由时任中物院副院长刘仓理担任主席、中国科学院严陆光院士为副主席的地方组织委员会,杨礼兵牵头的会务组负责具体会务运作。

会务组面临的首要难题便是会议选址。孙承纬等人经过反复考量,综合多方面因素,最终确定在江苏省苏州市举办会议。原本会议计划在上海举行,但由于上海将举办世博会,为保障世博会的顺利进行,其他国际会议不得不另选他地,苏州便成了理想之选。然而,苏州面临着交通不便的问题,国外航班大多降落于上海,无法直达苏州。为此,会务组制定了租用车辆从浦东机场转运参会人员的方案,克服了这一阻碍会议举办的关键难题,为搭建国际会议舞台扫除了地理障碍。

会议选址确定后,在孙承纬的精心统筹和规划下,会务组高效推进各项筹备工作。从发布会议通知、设置注册流程、组织论文征集、搭建网上注册平台到协调国内各方资源，每一个环节都有条不紊地进行。每一项工作的落实，都是在为搭建一个高质量、高水平的国际交流舞台添砖加瓦。

2010年7月6—10日，在江南水乡苏州的南林饭店，迎来了一场在爆炸磁通量压缩技术研究领域备受瞩目的盛会——第十三届国际百万高斯磁场会议。这座具有深厚历史文化底蕴的城市，以其独特的魅力，为来自世界各地的科研精英们提供了一个交流与合作的绝佳平台。会议期间，来自全球10个国家的160余名参会人员从四面八方汇聚于此。他们带着各自在百万高斯磁场领域的最新研究成果与宝贵经验，齐聚一堂，共同为推动该领域的发展贡献智慧。其中，中国的参会阵容格外强大。来自中物院、中国科学院电工研究所、国防科技大学、华中科技大学国家脉冲强磁场科学中心等众多国内顶尖科研单位的83位科研人员，组成了一支浩浩荡荡的队伍。相较于往届会议，中国参会人数实现了大幅增长，这不仅反映出我国在磁场研究领域的活跃度不断提升，更彰显了我国科研人员对该领域前沿研究的高度重视。

在为期五天的会议中，组委会安排了12个特邀报告、40个一般口头报告和近80个粘贴报告进行大会交流。特邀报告和口头报告作者来自俄罗斯实验物理研究院（VNIIEF）、美国洛斯·阿拉莫斯国家实验室、劳伦斯·利弗莫尔国家实验室（LLNL）、圣地亚国家实验室（SNL）、中物院等世界主要核武器实验室的研究人员，他们围绕国际超强脉冲磁场和脉冲电流产生、应用及相关问题，分享了最新的研究进展。孙承纬作大会特邀报告"*Historical Overviews of the Research on Explosive Magnetic Generators at the institute of Fluid Physics（IFP），CAEP*"，系统全面地介绍了流体物理研究所开展爆炸磁通量压缩技术研究的发展历程。来自中物院的口头报告者以35岁以下科研人员居多，报告内容涵盖超强脉冲磁场发生技术、脉冲功率驱动器技术、电磁发射技术、高功率微波等方向，充分展示了中物院在这些领域的实力。此次会议不仅将中国的研究成果展示给世界，更为青年学者提供了宝贵的交流学习机会。会务组编辑出版的会议论文集也获得了广泛好评，进一步提升了会议的学术影响力，使得这个国际舞台的价值得到充分体现，成功引爆国际关注。

会议期间，作为大会主席的孙承纬组织国际协调会员会召开圆桌会议，确定下一届会议于2012年在美国召开。

第十三届国际百万高斯磁场会议圆满落幕,此次会议的成功举办意义深远。它让国内有关单位的青年科技人员深入了解了国际同行的前沿工作,为国内外科研人员搭建了深入、持久交流与合作的优质平台。更为重要的是,这是该会议发起近四十年来首次在亚洲国家举办,标志着中物院相关技术进展得到国际同行的高度认同和重视,极大地推动了中国在有关技术领域的深入发展。而这一切成就的背后,离不开孙承纬搭建国际舞台的不懈努力,他成功在国际学术领域搭建起一座闪耀的舞台,让中国爆磁压缩技术在此舞台上大放异彩,引爆国际影响力。

事实证明,流体物理研究所爆炸脉冲功率、固体套筒内爆、Z箍缩等离子体内爆、磁驱动准等熵压缩、磁化靶聚变等研究方向的发展,都与对国际百万高斯磁场会议的参与及深入解读密切相关。孙承纬搭建的国际舞台,成为中国爆炸磁通量压缩和高功率电脉冲技术走向国际的重要桥梁。他的卓越贡献,不仅推动了技术的进步,更激励着一代又一代致力于探索科技前沿的青年科研人员继续奋勇前行,在中国科技不断走向国际舞台中央的征程中续写辉煌篇章。

书山师路的精神追寻

孙承纬曾说："搞我们这种工作，需要习惯'寂寞'，平常对外交流很少，业余活动也基本是在院内开展。这就要求我们注意调整心态，把主要精力投入研究之中，在工作中品尝乐趣、寻找人生价值。"孙承纬行如其言，几十年来，把学问和事业视为生命中的重中之重。他对待科研严谨、执着的态度，潜移默化地影响着学生、女儿，虽未溢于言表，却下自成蹊、海内人望；他坚守着思想上的淡泊，收获了内心的丰富与宁静，更得以在学问的世界里纵横捭阖。

"上至院长，下至一般科研人员和学生，凡是熟悉老先生的人都习惯称其为'孙老师'，鲜有称呼'孙主任、孙院士'的。在这个人人都可自称老师的时代，作为孙老师的学生和在他身边工作了近三十年的人，如果让我用最敬畏的方式称呼他，找不出比'老师'更合适的词了。"一直以来，在学生们眼中，孙承纬是"师者"的典范，他以严谨勤勉的治学之道和身体力行的为师风范，教导、感召着学生和青年科研人员不断前行。

早在20世纪八九十年代，孙承纬就意识到人才匮乏正在制约事业发展。当时"863计划"激光辐照效应专题组急需新生力量，而国防军工单位招聘困难。他毅然决定自己招收、培养研究生，在他的带动下，课题组老同志开始招收研究生，还鼓励课题组的年轻人报考名校博士生。90年代中期，流体物理研究所出国深造的年轻学者有五六人，孙承纬的课题组就占了2人，2000年后还有3人出国深造。后来，课题组形成博士生多于硕士生、硕士生多于本科生的智力结构。

1985年，孙承纬招收了他的第一个硕士研究生赵锋。此后，他陆续培养了数十名硕士、博士研究生。孙承纬对人才的培养、提携不仅限于自己的学生，凡是有潜力的青年科研人员，他都想方设法地培养锻炼他们的能力，给予平台助力其成长。20世纪90年代后期，研究所青年人才学历低，大多只有硕士学历，难以适应事业发展的需要，孙承纬作为所科技委主任，提出动员部分人攻读博士的建议，并得到了当时所内主要领导丁伯南所长的支持。于是，一批有一定发展潜力的青年科研人员有机会继续深造，成为研究所后续事业发展的骨干力量，为研究所学科建设和青年人才培养添加了一抹靓色。

1995年3月，孙承纬提出在中物院设立"爆炸理论及应用"专业博士点。他强调国内已有博士点培养的人才不能满足院里发展需要，且院里具备设立条件。设立该博士点可培养高级人才，为国防科技增添后劲。经过他不懈努力，1996年5月，国务院学位委员会批准在流体物理研究所设立"爆炸理论及应用"博士学位授权点，为后续人才的培养提供了良好的平台。

2012年，孙承纬担任中物院研究生部主任，投身全院研究生人才队伍培养。为了培养出适应院所事业可持续发展的高层次人才，他不辞辛劳地奔波于各大院所、高校间商洽联合培养研究生的事宜。

2014年5月，孙承纬与同事相约到中国科学技术大学、南京理工大学商谈联合培养高层次博士生事宜。当时他75岁高龄，住在上海家中，与同事约定先在南京汇合。在没有任何人陪伴的情况下，孙承纬独自从上海乘动车到南京，脚穿年时久远的黑色皮鞋，与众多旅客一起拥挤地排队上车，鞋都被人流挤踩破了。同事在南京火车站接到他后，匆忙帮他买了一双布鞋。在南京理工大学座谈后，又马不停蹄地从南京乘动车赶往位于合肥的中国科学技术大学。一路走来，达成了中物院研究生部与南京理工大学、中国科学技术大学联合培养高层次博士人才的合作协议。时任中国科学技术大学副校长兼研究生院院长张淑林教授高度称赞"孙院士学识渊博、工作敬业、生活朴素，为了中国工程物理研究院的人才培养不辞辛劳，是值得我们学习的榜样"。

在流体物理研究所，孙承纬是公认的培养硕士、博士研究生数量多、质量好的楷模。孙承纬作为老师是出了名的"严"。他要求学生必须具备过硬的专业领域科研能力，特别注重培养学生的科研思维和创新能力。"你要发扬啃木头的精神，把枯燥的书读懂"，孙承纬将一本法国数学家、物理学家彭加勒所著的《科学与假设》送给学生谭多望，"这本书堪称科学领域的哲学经典，你务必好好研读"。对此，谭多望感触良多："通过这本书，彭加勒的'没有假设，科学家将永远寸步难行'的观念对我影响至深。"

他要求学生具有过硬的数值模拟计算能力，实验与数值模拟相配合才能更好地认清物理原理。他要求每个学生都必须具备程序编写能力，要把整个程序的逻辑结构、方程和参数等搞得一清二楚。因此，学生们把孙承纬在20世纪80年代初编制的计算冲击波和爆轰反应流动的一维程序SSS和二维程序WSU作为学习编程的"必修课"。

孙承纬认为外语能力是基础科研能力的重要组成部分。他要求学生除具备英文阅读能力外，还必须具备很好的听说、写作能力，要能流利地用英语交流、撰写英文文章。同期就读的孙承纬的学生们，常常交流如何被留美归来的孙老师要求每晚睡觉前至少要读若干页英文资料。他们常说,"孙老师的要求说起来简单:坚持每天听英语新闻广播,直到能很容易听懂。那时每天起得早,跑完步后就听英语新闻广播,刚开始时根本听不懂几句,就每天晚上录一段英语新闻,第二天早晨起来反复听,直到全部听懂为止。每天都这么坚持听着,英语听说的能力慢慢地提高了。"

面对学生在新的研究领域的畏难情绪,孙承纬时常会形象生动地告诫学生"要跳到水里才学得会游泳,在岸边徘徊不敢往水里跳,那是永远学不会的",面对学生的迷茫困惑,他也会鼓励学生"不要计较个人得与失,其实能够静下心来,努力做一些开拓性工作未尝不是一件好事"。

对孙承纬而言,"科学上来不得半点虚假,学术上他眼里容不得半点沙子",学生和同事们感叹他甚至有些不近人情。无论是项目研讨、职称评审还是报奖答辩,他当评委都只会遵循学术面前人人平等,对他自己的学生也不会有半点偏袒。他的学生们深谙此道,老师从来不会因为是自己的学生而给人情分。就事论事,一个一个尖锐的问题接连向答辩人抛去,有时甚至让人无法回答。于是遇到孙承纬当评委时,学生们不仅不会有所松懈，反而在准备材料时倍加认真，反复修改、论证，唯恐遭遇老师的"炮轰"。

一次，院里召开某奖项的评审会，孙承纬作为评委，不时在本子上记录着什么。随着答辩的推进，孙承纬的眉头渐渐皱了起来。他敏锐地捕捉到了答辩人和答辩材料中存在的不少漏洞。那些问题，在他专业的眼光下，犹如白纸上的黑点，格外醒目。他没有丝毫犹豫，当即就犀利地提出了自己的质疑，每一个问题都切中要害，让答辩人一时有些招架不住。中间休息时，众人纷纷起身，活动活动身体，小声交流着。学生张红平走到孙承纬身边，压低声音说道："孙老师，我觉得其他评委应该也注意到了这些问题。只不过大家都是院内同事，抬头不见低头见，可能碍于面子，不太方便过多评论。"孙承纬的神情瞬间严肃起来，他目光坚定地看着张红平，语气加重说道："如果搞科研的都是抱着这种怕得罪人的态度，那科研还怎么进步？"张红平听后默默地点了点头，她深知孙承纬对科研的这份执着与纯粹，也更加明白在科研道路上，严谨和实事求是的态度是多么重要。

善歌者使人继其声，善教者使人继其志。孙承纬作为一名"老师"，言传身教、垂范作则，以其对待科研严谨、执着的态度，对待人才培养勤勉、负责的风范，引导、激励着年轻后辈茁壮成长，在爆轰物理、激光辐照效应、高功率脉冲技术及高能量密度物理领域带出了一支支敢于攻关、锐意进取的科研团队，其中许多学生、青年骨干已成长为各自领域的领军人才。

在科研与育人的道路上，孙承纬并非孤军奋战。对于整日醉心于不断探索科技奥秘的孙承纬来说，妻子陶洁贞的支持就是他最坚强的后盾。他与妻子陶洁贞经人介绍后相知相识、相处融洽，于1973年组建了自己的小家庭。1975年，陶洁贞放弃了在上海相对优渥的生活条件，跟随丈夫来到了物资匮乏的四川大山深处，并给予了半个多世纪的陪伴与照顾。

对于妻子陶洁贞，孙承纬尽是依赖、倚重。在家里听妻子的安排，家务活也会帮忙分担，洗菜、淘米、洗碗，妻子"派的活儿"都会无条件完成。孙承纬充分体贴妻子、尊重妻子。孙承纬喜欢看书、喜欢"静"，陶洁贞喜欢篮球、跳舞、喜欢"动"，尽管与妻子有着不同的兴趣和爱好，但他从不干涉陶洁贞的爱好，还能主动创造条件满足妻子的爱好。

生活中，在受到妻子无微不至的照顾的同时，孙承纬也记着妻子的爱好、操心着妻子的健康。陶洁贞平日里身体素质不错,是个坚强又独立的人。哪怕身体偶尔有点不舒服,她总觉得自己咬咬牙就能克服,能"顶过去",压根没把这点小毛病放在心上。对此,孙承纬很是担心。每次看到陶洁贞稍有不适,他心里就七上八下的。有一回,陶洁贞感冒了,不停地咳嗽,却还坚持着做家务,嘴里念叨着:"没事,小感冒,过几天就好了。"孙承纬看在眼里,急在心里,知道妻子的性子倔强,一时半会劝不动。只好给女儿孙今人打电话:"你妈感冒了,一直咳嗽,可她就是不肯去医院。你劝劝她,生病不能拖的。"

孙今人后来回忆起这些事,不禁感慨道:"我妈不喜欢看病,她要是不舒服,都是我爸催着她。我爸就很担心,觉得不看不行,催着我妈去看病。我爸还给我打电话,让我给我妈做动员工作。这些事我爸就比较上心,俩人是互相操心着的。"

对于女儿孙今人,孙承纬则是一个开明、民主的父亲,他将自己对待科研的态度带到家庭教育中来。"父有争子,不行无礼",允许女儿与自己平等地争辩,不主观武断,是孙承纬的生活态度,也是他对待科研的态度。孙今人曾总结道:"我父亲相对来说比较民主,拥有实事求是的科学态度,包括生活态度,这也是我受他影响最深的一个地方。就是只有对错,而不是用父亲的身份决断,我们家很多事情有意见的话,是会互相争论的。"

对女儿的教育,他秉持"抓大放小"的原则,牢牢把握着大方向。他不干涉女儿的选择,不以家长设定的目标来影响女儿的发展。从来不会问女儿考试得了多少分,学习成绩排名班级第几,而是担任宏观的把握角色,在选工作、考研等关键节点,孙承纬会给女儿把关和一些合理的建议。

孙承纬喜欢读书,也喜欢给女儿买书,他认为,"人就要多看书,看得多了,各方面自己就学好了"。孙今人从小就感受到了阅读的魅力,培养起了阅读的兴趣和习惯,渐渐地也形成了与父亲相似的思维方式和思考方法。高中时,孙今人英语流畅、逻辑清晰、大方活跃,喜欢与同学讨论数学问题,在班上格外突出,令老师们印象深刻。

而看书这个爱好,则伴随着孙承纬从小学一直到成为专家、院士,给家人、同事留下了深刻印象。爱人陶洁贞说"他一辈子就只知道看书"。好友华欣生说:"孙承纬是一位爱读书、爱买书、爱藏书的'书呆子'型知识分子,不仅热爱本专业、自然科学方面多领域学术专著,他还是一位人文科学、国学、社会科学、伦理道德、诸子百家等书籍的阅读爱好者。周末有闲时,我们经常串门,海阔天空聊天,畅叙学习心得。"

孙承纬的家中,家居摆设十分简单,最显眼的就是成堆的各类书籍。从社会科学到自然科学,从马列主义著作到科幻小说,从古代的到近代的,从中国到外国的,足足上万册。孙承纬常说:"这个世界这么大,走一次不容易,要多了解一些啊。"

在四川山沟工作时,家里房间小,孙承纬就把书柜做得和房间一样高,整个书房除了临窗的一张小写字台和靠墙摆放的一张单人床外,其余的空间全部做成了一直到屋顶的书架。流体物理研究所搬迁到绵阳之后,家里的房间多了,书也更多了,堆满了房间,陶洁贞曾无奈地说:"我们家搬家就是搬书,把书搬空了就没什么东西了。"

古人说"不动笔墨不看书"。孙承纬看书非常入迷,边读书、边思考、边批注、边记录,看到精彩之处就拿起笔来圈点批注。书架上的书里总是夹着各式各样的小纸条,上面写满了密密麻麻的小字,都是他看书时所作的批注。学生庄仕明回忆,他在临出国前,收到孙承纬赠送的几本基础力学方面的书。其中一本是中国科学技术大学王礼立先生的《应力波理论》讲义，里面满页都是孙承纬手写的注解、注释、公式推演、补缺、更正，还有相关理论的应用说明，进一步的参考书目以及习题解答。"书写极其工整，简洁明了"。

广读博览，自然知识全面、眼界开阔，这体现在他的学术文章、技术报告和所编著的专业书籍里，也体现在与人的交谈和交往之中。年轻人之间常开玩笑说没做专门研究，不要轻易在孙承纬面前摆乎中国史，保不定被他从头到脚讲一遍。无论是细讲早期苏联文学作品《大师和玛格丽特》中关于罗马总督庞地·皮拉得的章节，还是谈到苏联物理学派的起源，谈到爆轰、冲击波专业的祖师爷们的传奇及他们的学派脉络延续，他都能轻松对谈，无一不门儿清。他喜欢和人聊天、谈古说今、喜辩论，对人物地点事件都如数家珍，甚至能指出在原著哪页上。

爱看书，工作又忙，孙承纬对时间总是倍加珍惜。在他人的印象里，"孙老师只要不是和人谈话或走路，多半都在读东西，无论是在办公室、家里、旅途或是开会"。孙承纬最忙的时候，一年之中差不多有三分之一的时间在天上"飞来飞去"。每逢出差开会，汽车上、火车上、飞机上，孙承纬总是在看文献，似乎要把被各种会议占去的时间赚回来。

晚年受到眼疾困扰,孙承纬的视力严重下降,左右眼加起来大概只有一个眼的完整视力,但他读书研学的精神却丝毫未减,书上的字看不清楚,他就借助放大镜来看;电脑显示器看起来费劲了,就买一个更大尺寸的显示器。放大镜的倍数越来越高,电脑显示器的亮度也是越调越高,孙承纬仍以惊人的毅力坚持天天读书。

看书之外,孙承纬还喜欢动手制作或修理一些小东西。家中买来的家具但凡有尺寸不标准、设计不合理的地方,他就会拿着卡尺这里量量那里量量,挥舞起锥子、凿子、刨子进行一番"修改""矫正"。

有一次,家中新买了一个明清风格的典雅书桌,原本是由两个柜式腿作支架,上端有几个抽屉,下端悬空。坚持实用主义的孙承纬认为这个书桌的抽屉太少,两边下端的位置空闲着,于是他就动手另外做了四个抽屉组装上去,做出来的抽屉尺寸精准又美观。

沉浸在自己的爱好里,全身心地投入其中,让孙承纬感到精神无比富足。与精神富足形成强烈反差的是生活上的简朴。在生活中,孙承纬要求不高,吃饭填饱肚子即可;出行从不要求坐公车,而是乘坐公共交通工具或走路;飞机来回几乎全是经济舱,除了偶然买不到经济舱或者是别人代买的票。

"我自己的钱是钱,国家的钱也是钱",这是孙承纬常挂在嘴边的一句话。孙承纬以前有大致记账的习惯,但他记账并不是为了理财,而是为了记清楚账上每一笔资金的来源。每笔存款下面都要写,这笔钱是几号转来的,什么事情转来的,这笔钱是加上了工资和奖金,不允许出现"来路不明"的钱。

清清楚楚记账,明明白白做人,不管人情上的来来往往,不顾官场上的是是非非。孙承纬的学生很多,当中更有不少已成为高官、骨干。对于学生们,孙承纬更是坚持着他"不近人情"的原则:"过年过节的时候,学生拿着水果来,非要人家提回去,一直就这样。他的几个学生都知道,来拜年干啥的从来不带东西,带了东西他要叫人家拿回去,要说人家的。"

中国知识分子淡泊明志的风骨在他身上体现无遗。正如古语有言,"夫君子之行,静以修身,俭以养德。非淡泊无以明志,非宁静无以致远",正是因为孙承纬立身端方、宁清正节,有意在内心涵养一泓清泉,才能做到淡泊处世、静心思考,才能力戒浮躁、砥砺志趣。

2003 年 12 月,孙承纬凭借在爆轰物理、激光效应等领域对学科发展和武器研制方面的突出贡献,当选中国工程院能源与矿业工程学部院士，时年他已65岁。当选院士后，孙承纬并不甘于躺在已有的功劳簿上，他对科研知识的渴求不仅丝毫未减，反而为推进新时代国防科技事业的发展更加尽心竭力。在后续的时间里，孙承纬开辟并推动了强激光效应、高功率脉冲应用技术、等熵压缩技术等多个新领域新方向的发展，培养出一批引领国防科技前沿的创新型人才。杜祥琬院士评价："他的很多学术工作是在当选院士以后才开始的，真所谓'老骥伏枥，壮心未已'。"

孙承纬在"八十自述"中坦露晚年的心愿："保持健康和良好心态，做些力所能及的事情，助力青年一代顺利成长，为所热爱的科技事业略尽绵薄。"

2021年2月11日，正值除夕，大家都忙着刷拜年信息、唠家长里短、做团年美食时，伴着窗外的黄昏，82岁高龄的孙承纬仍旧静静地坐在宽大的书桌旁，聚精会神地浏览着电脑上的文献资料。他的女儿孙今人用手机记录下了这一幕。

正如无数个寻常的日日夜夜，他依然沉浸在自己感兴趣的学问世界里。